자신감특강

자신감 특강

펴　냄　2010년 10월 15일 1판 1쇄 박음 / 2010년 10월 20일 1판 1쇄 펴냄

지은이　아오키 사토시(靑木仁志)

옮긴이　황선희

펴낸이　김철종

펴낸곳　(주)한언

　　　　등록번호 제1−128호 / 등록일자 1983. 9. 30

주　소　서울시 마포구 신수동 63−14 구 프라자 6층(우 121−854)

　　　　전화. 02)701−6616(대) / 팩스. 02)701−4449

책임편집　이영혜

디자인　정현영 · 양미정 · 백은미 · 하현지 · 김문정

홈페이지　www.haneon.com

이메일　haneon@haneon.com

　　　　· 이 책의 무단전재 및 복제를 금합니다.

　　　　· 잘못 만들어진 책은 구입하신 서점에서 바꾸어 드립니다.

ISBN　978-89-5596-576-6　　13180

자신감 특강

브리태니커
역대 최고 판매왕
아오키 사토시

아오키 사토시(青木仁志) 지음 | **황선희** 옮김

한알

누구나 원하는 인생을 살 수 있다

세상과 마주했던 열일곱, 자신감은 전혀 없었다

나는 열일곱 살에 고등학교를 중퇴하고, 용접 공장에 수습공으로 취업했다. 처음 겪는 사회생활이라서 그런지 실수도 잦았고, 자신감은 곤두박질쳤다. 미래에 대한 희망도 없었다. 마치 심해어처럼 바닥을 기고 있는 듯한 기분이었다.

그 후 힘들게 번 돈으로 야심차게 회사를 세웠지만 얼마 안 가서 회사를 말아먹고 말았다. '왜 내 인생은 이렇게 꼬이기만 할까?'라는 생각이 내 마음을 짓눌렀다. 자신감은커녕 먹고사는 일만으로도 버거웠던 내가 인재 교육 컨설팅 회사를 경영하고, 자기계발 전문 강사가 되리라고 누가 상상이나 했을까?

이것은 모두 '자신감' 덕분이었다. 자신감이 생기자 내 인생이 확 달라졌다. 나는 올해로 쉰네 살이다. 그중 스무 해에 가까운 세월은 참으로 고통스러운 시기였다. 무언가를 손에 넣으려고 갖은 애를 쓰고, 아등바등 몸부림쳤다.

하지만 괴로웠던 그 시절이 지금에 와서는 고마울 따름이다. 더는 내려갈 수 없는 밑바닥을 경험한 덕분에, 내가 바라는 이상적인 인생에 한 발자국 다가갈 수 있었기 때문이다.

이 책의 핵심은 '평생 꺾이지 않는 자신감을 쌓는 방법'이다. 자신감이라고는 눈 씻고 찾아봐도 없던 내가 어떻게 확고한 자신감을 품게 되었는지 구체적으로 소개할 것이다. 이 책에 쓰여진 대로 따라 하다 보면 여러분도 강한 자신감을 갖게 될 것이다.

할 수 있다는 생각에서 인생은 변화한다

자신감을 가지려면 먼저 생각을 바꾸어야 한다. 사소한 것도 좋으니 일단 '할 수 있다'는 생각을 마음속에 품어라. 그리고 자신감 넘치는 자기 모습을 상상하라. 이것이 바로 자신감을 쌓는 출발점이다.

사람은 누구나 발전할 수 있다. 또한 진흙탕 같은 인생에서 허우적거린다 해도 언제든 다시 시작할 수 있다. 지금 당신의 머릿속을 장악하고 있는 '부정적인 생각'을 '긍정적인 생각'으로 바꿔라. 틀림없이 달라진 인생을 경험할 것이다.

나는 생각을 바꾸고 나서 인생이 트인 사람 중 하나다. 자신감이 밑바닥인 상태에서 시작했지만, 끊임없이 긍정적인 생각을 하려고 노력한 결과, 기대만큼의 성과를 끌어올릴 수 있었다. 당연히 이 과정에서 자신감도 쌓였다.

물론 생각만으로는 '평생 꺾이지 않는 자신감'을 쌓기 어렵다. 나도 과거에 내 능력을 과신한 나머지 사업에 실패한 적이 있었다. 이처럼 토대 없이 단순히 생각만으로 쌓은 자신감은 벽에 부딪혔을 때 와르르 무너지고 만다.

평생 꺾이지 않고 흔들리지 않는 자신감을 키우려면 어려움을 이겨내고, 성공을 이루는 경험을 수없이 해야 한다. 이 책은 일상생활에서 쉽게 경험할 수 있는 성공적인 삶의 방법을 소개하고, 평생 꺾이지 않는 자신감을 손에 넣는 비결을 알려줄 것이다.

당장 할 수 있는 것부터 시작하라

'한 달 동안 책 100권을 읽겠어!'

'일주일 안에 영어 회화를 마스터할 거야!'

한 달 동안 책 100권을 읽는 것은 쉽지 않다. 일주일 안에 영어 회화를 마스터하는 것도 이루기 힘든 일이다. 이처럼 목표가 턱없이 높으면 실패할 가능성이 크다. 실패의 경험은 자신감을 떨어뜨리기만 할 뿐이다. 따라서 처음부터 목표를 크게 잡지 마라. 목표가 너무 높으면 오히려 역효과가 난다.

성공한 경험이 많을수록 자신감은 커진다. 그러므로 자신감을 쌓기 위해서는 실현 가능한 목표를 세워야 한다. 그리고 달성할 때마다 조금씩 목표의 수준을 높여야 한다. 이것이 좌절하지 않고 자신감을 쌓을 수 있는 비결이다.

'해냈다!'

자신감을 키우는 것은 '해냈다!'는 감각을 체험하는 것이다. 자전거 타기, 물구나무서기 등 처음에는 못 했던 일을 연습을 거듭하여 해냈을 때 우리는 '해냈다!'는 느낌과 함께 자신감을 쌓을 수 있다. 이처럼 자신감은 연습과 훈련을 통해 쌓을 수 있다.

어떤 일이든 자연스러운 것이 가장 좋다. 절대로 무리하지 말고, 마음을 편히 가져라. 자기 능력에 맞는 목표를 세우고, 확실히 달성하는 데 초점을 맞춰라.

실제로 바뀐 20퍼센트가 돼라

'바뀌고 싶어요!'

'새로운 인생을 살고 싶어요!'

현실은 가혹하다. 모두들 달라지고 싶어서 나를 찾아오지만 실제로 바뀐 사람은 20퍼센트에 불과하다. 지금까지 23만 명이 넘는 사람들이 나를 찾아왔지만, 끝끝내 바뀌지 않는 사람들을 수없이 봤다.

대부분의 사람들은 자신의 잘못된 습관을 버리지 못한다. 자신의 습관을 바꾸기 위해서는 현재의 자신을 부정해야 하는데, 이 과정이 고통스럽기 때문이다. 결국 눈앞에 펼쳐진 안락함을 좇아 현실에 안주해버리고 만다.

예를 들어, 볼링 초보자들은 레인 양쪽 홈으로 볼을 빠트리는 경우가 꽤 많다.

"아, 역시 연습을 안 하니까 안 되는구나!"

말은 이렇게 하지만, 정작 연습은 잘 하지 않는다. 그러니 다음에 볼링을 치러 가도 똑같은 상황은 반복된다.

"역시 연습을 해야 해!"

대부분의 사람들이 이러한 패턴을 반복하며 인생을 망친다. 볼링만이 아니다. 일, 취미, 일상생활 등 인생의 모든 것이 마찬가지다. 특히 일을 이렇게 할 경우, 먹고사는 데 큰 지장을 받을 수 있다. 좋은 성과를 못 내면 연봉도 오르지 않을뿐더러

승진도 못 하기 때문이다. 최악의 경우 해고당할 수도 있다.

그러나 이 사실을 알면서도 많은 사람이 자신을 바꾸지 못한다. 그들은 늘 현실과 적당히 타협하면서 찜찜한 기분으로 살아간다.

진심으로 원하면 바뀐다

볼링 실력이 별로인 사람들 중에 말로는 "볼링 연습 좀 해야지!"라고 하지만, 속으로는 '힘들게 연습을 왜 해. 볼링에 시간과 돈을 쓸 바엔 친구들과 술을 한잔 더 마시겠어!'라고 생각하는 사람이 대다수다.

볼링 실력을 키우려면 연습을 해야 한다는 사실을 잘 알고 있으면서도 실천하지 않는 것이다. 이런 사람들은 아무리 시간이 지나도 볼링 실력이 늘지 않는다. 변화를 위해 감내할 고통이 싫어서 안락한 현실에 안주하는 것이다. 담배를 끊지 못하는 것도, 자신감을 갖지 못하는 것도 결국 마찬가지다.

'볼링을 진짜 잘 치고 싶어!'

'진짜 담배를 끊고 싶어!'

'자신감을 갖고 싶어!'

진심으로 변화를 바라는 사람은 고통까지 감내할 준비가 되어 있으며, 이런 사람은 반드시 바뀐다.

나답게 살아라

'당당한 인생을 살고 싶다.'

'풍요로운 인생을 보내고 싶다.'

당당하지 않은 모습으로 인생을 살고 싶은 사람은 아무도 없다. 누구나 풍요로운 인생을 원한다. 하지만 이것은 남이 대신 이루어주지 않는다. 스스로 만들어야 한다. 누군가 도와줄 것이라고 생각하지 마라. 자신의 인생을 멋지게 만들 수 있는 사람은 자기밖에 없다.

누구나 원하는 인생을 살 수 있다. 누구나 꿈꿔 오던 인생을 살 수 있다. 지금이 바로 발걸음을 뗄 순간이다. 자신 있게 발걸음을 내딛길 바란다. 그리고 이 책이 여러분의 인생에 터닝 포인트가 되기를 진심으로 바란다.

Part. 1   나에게는 인생을 바꿀 힘이 있다

자신감이 내 인생을 바꿨다

사람들은 나의 성공을 부러워한다. 어떻게 하면 성공할 수 있는지 비결을 묻기도 하고, 가진 것 하나 없이도 그렇게 될 수 있냐며 고개를 갸웃거리기도 한다. 사실 나도 개뿔 가진 것 하나 없었다. 날 때부터 황금 숟가락을 물고 태어난 것도 아니고, 공부를 잘하는 편도 아니었다.

나는 세 살 때 부모님이 이혼해서, 아버지와 의붓어머니 밑에서 자랐다. 그 때문에 늘 여동생과 차별받는 느낌이었고, 괴로움을 이기지 못해 결국 열일곱 살에 집을 뛰쳐나왔다. 당장 먹고살 길이 막막했지만, 그 나이에 할 수 있는 일은 많지 않았다. 간신히 용접 공장 수습공으로 들어갔지만 처음 겪는 사회생활은 녹록하지 않았다. 자존심을 후벼 파는 소리를 견뎌내야 하는 일상이 계속됐다. 자연스레 내 자신감은 곤두박질쳤다.

스무 살이 되자마자 나는 고급 생활용품을 판매하는 회사를 차렸다. 경리 직원 하나만 둔 아주 작은 회사였다. 경영에 대한 지식이 별로 없는 상태에서 벌인 일이라 몇 달 만에 3,000만 엔의 빚만 남긴 채 문을 닫아야 했다. 내 인생 최악의 순간이었다.

하지만 돌이켜보면 이때가 내 인생의 시작이었던 것 같다. 지푸라기라도 잡는 심정으로 들어간 브리태니커에서 죽자 사자 실적에 매달렸다. 이 길마저 포기하면, 더 이상 갈 곳이 없을 것만 같았다. 다행히도 열심히 노력한 만큼 실적이 오르기 시작했고 자신감도 생겼다.

자신감이 생기자 더 이상 실패가 두렵지 않았다. 그리고 고객들이 아무리 심한 말을 해도 좌절하지 않게 되었을 즈음, 나는 최고의 실적을 자랑하는 영업 사원이 되어 있었다.

지금은 회사를 경영하면서 사람들에게 자신감을 불어넣어

주는 '정상으로 가는 길'이라는 강연을 20년째 하고 있다.

우여곡절 많은 인생을 살면서 '자신감'만큼 중요한 게 없다는 사실을 절실히 깨달았다. 밑바닥 인생을 살 줄 알았는데, 자신감을 가진 뒤로는 기적처럼 성공에 발을 디딜 수 있었기 때문이다.

사고방식을 바꾸면 인생도 바뀐다

"이게 뭘까요?"

내가 컵을 내밀며 질문을 던지면 사람들은 '왜 당연한 질문을 하지?'라는 표정으로 "컵이요!"라고 대답한다.

그런데 정말 컵이 맞을까? 컵에 볼펜을 꽂아서 내밀어도 사람들은 컵이라고 대답할까? 눈앞에 있는 그릇을 '컵'이라고 정의하면 물을 마시는 도구가 되지만, 펜을 꽂으면 연필꽂이가 된다. 이처럼 해석을 어떻게 하느냐에 따라 그릇의 사용 목적이 달라진다.

자신감도 마찬가지다. 자기 자신을 어떻게 바라보고 해석

하느냐에 따라 자신감 넘치는 사람이 될 수도 있고, 자신감 없는 사람이 될 수도 있다.

'내 주제에 이걸 어떻게 해….'

평소에 '자신 있다'고 생각하는 사람은 대부분 적극적으로 행동하고, '자신 없다'고 생각하는 사람은 소극적으로 행동한다. 그러므로 자신감이 부족해서 고민이라면 일단 생각부터 바꾸자. 부정적인 해석과 단정은 행동과 도전을 가로막기 때문이다.

부정적인 사고방식에 사로잡히면 매사를 부정적으로 본다. 이 생각이 인생을 좌우한다. 예를 들어, 탁구는 둘째 가라면 서러울 정도지만 테니스는 젬병인 사람이 있다고 하자. 만약 그에게 탁구나 테니스 중 하나를 골라서 내기를 하자고 한다면, 당연히 탁구를 고를 것이다. '테니스는 잘할 자신이 없다'고 생각하기 때문이다. 하지만 가능과 불가능의 경계는 스스로 정하는 것이다. '나는 탁구를 잘하니까 조금만 연습

하면 테니스도 잘할 수 있어!'라고 생각하면, 테니스도 잘하는 날이 반드시 온다. 잘할 수 있는 믿음으로 적극적으로 연습에 임할 수 있기 때문이다.

어떤 일이든 긍정적으로 해석하면 매사에 적극적으로 행동하게 된다. 그렇게 하면 지금보다 훨씬 멋진 인생을 경험할 수 있다.

성공의 경험으로 자기 이미지를 높여라

'어차피 안 될 텐데 해봤자 무슨 소용이야!'

'나 같은 게 잘할 리 없지!'

'자기 이미지'가 낮은 사람은 시작도 하기 전에 쉽게 포기한다. 자기 이미지란 '스스로 자신을 바라보는 자아상(自我像)'을 말하는데, 자신감과 사고방식에 큰 영향을 끼친다.

자기 이미지가 높은 사람은 자기애(self-love)와 자신감이 강하여 매사에 적극적이다. 도전을 두려워하지 않기 때문에 끊임없이 성과를 낼 수 있다. 하지만 자기 이미지가 낮은 사람은 자기애와 자신감이 부족하기 때문에 무슨 일에든 소극적으로 대처한다.

그렇다면 자기 이미지는 어떻게 만들어질까? 자기 이미지는 '경험'을 토대로 만들어진다. 어려움을 극복한 경험이 많을수록 자기 이미지가 높다. 반대로 어려움을 극복하지 못하고 포기한 경험이 많은 사람은 자기 이미지가 낮다.

어떤 경험을 많이 하느냐는 어린 시절 부모의 태도에 달려 있다. 요즘 부모는 아이가 해달라는 대로 다 해주는 경향이 있다. 심지어 아이 숙제까지도 대신 해주는 사례도 있다고 한다. 이렇게 아이가 할 몫을 남기지 않고 부모가 다 하면 아이는 혼자서는 아무것도 못 하는 사람으로 성장한다. 스스로 어려움을 극복할 기회를 얻지 못했기 때문이다.

만약 자기 이미지가 낮다면, 지금부터라도 높여야 한다. 방법은 간단하다. 어려움을 극복하거나 성공한 경험을 많이 쌓으면 된다. 자기 이미지는 경험을 토대로 만들어지기 때문이다.

처음에는 조금만 노력하면 이룰 수 있는 것부터 도전하는 게 좋다. 목표를 크게 잡으면 실패할 가능성이 크다. 일단 성공할 가능성이 큰 일에 도전하여 긍정적인 경험을 쌓아라. 성공을 거듭할수록 당신의 내면에 '평생 꺾이지 않는 자신감'이 생길 것이다.

이때 누군가의 도움을 받아서는 안 된다. 반드시 혼자 힘으로 해내야 한다. 그래야 자신감과 자기 이미지를 키울 수 있다. 잊지 마라. 인생을 성공으로 이끄는 것은 바로 자신밖에 없다.

'하는 일마다 잘되는 사람'의 비결

3,000만 엔의 빚을 떠안고 브리태니커에 입사했을 때 내 자신감은 바닥을 치고 있었다. 그러나 《나폴레온 힐 성공의 법칙》을 읽고, 나는 자신감을 되찾았다. 그 책에는 다음과 같은 말이 적혀 있었다.

'성공하기 전에 이미 성공한 것처럼 행동하라.'

나는 당장 실천했다. 매일 아침 거울 앞에 서서 스스로에게 암시했다.

'나는 천재 영업 사원이다!'
'나는 천재 영업 사원이다!'
'나는 천재 영업 사원이다!'

매일 암시를 걸다 보니 자연스레 '천재 영업 사원은 이런 상황에서 어떻게 대처할까?'라는 생각이 저절로 몸에 배었다. 생각은 행동을 낳는다. 천재 영업 사원처럼 생각하고 행동한 지 1년이 지난 후, 나는 브리태니커에서 최고 실적을 자랑하는 영업 사원이 되었다. 팀장이 되었을 때는 이 방법을 팀원들에게도 전수했다. 팀원 전체가 '할 수 있다!'는 자기 암시를 걸었다. 그러자 자연히 나는 실력 좋은 팀원들을 거느린 훌륭한 팀장이 될 수 있었다.

‘나는 천재 영업 사원이다!’라는 자기 암시는 현재의 내 모습보다 높은 자기 이미지를 떠올리게 했고, 이것은 적극적으로 영업 활동을 하는 데 원동력이 되었다.

만약 길을 걷다 자기 키만 한 턱을 만나면 어떤 반응을 보일까? 누구나 순간적으로 망설이게 된다. ‘과연 내가 뛰어넘을 수 있을까?’ 하고 말이다. 인생을 살다 어려움에 부딪힐 때도 마찬가지다. ‘내가 이 상황을 이겨낼 수 있을까?’라는 생각에 불안해지고 자신감을 잃는다. 이럴 때일수록 암시는 큰 효과를 발휘한다. ‘반드시 할 수 있어. 틀림없이 잘될 거야!’라는 생각을 하다 보면 신기하게 힘이 솟는다. 정말로 ‘할 수 있는 사람’으로 다시 태어나는 기분이 든다.

성공한 경험이 별로 없는 사람은 일이 좀 잘된다 싶으면, ‘너무 잘되는 것 같은데… 뭔가 잘못된 거 아냐?’라며 의심을 갖는다. 한 번 의심이 들기 시작하면, 섣불리 행동하기 어렵다. 하지만 성공한 사람은 대부분 ‘잘되는 게 당연하다!’고 생각한다. 그리고 실제로 잘되도록 끊임없이 도전한다.

이처럼 ‘잘되는 게 당연하다’와 ‘안 되는 게 당연하다’ 중 어떤 생각을 하느냐에 따라 인생은 180도 달라진다. 생각이 행동을 낳고, 행동이 결과를 낳기 때문이다.

재수 없어 보이겠지만, 나는 '넘어져도 떡함지에 엎어질' 정도로 뭐든지 잘되리라는 자신이 있다. 잘될 때까지 도전할 의지가 있기 때문이다.

태어날 때부터 자신감 넘치는 사람은 없다. 나 역시 자신감은커녕 가진 것이라고는 '몸뚱이'밖에 없었다. 하지만 지금은 한 회사의 경영자이자 사람들에게 자신감을 심어주는 강사로서 열정 넘치는 인생을 살고 있다.

가진 것 하나 없는 나도 해냈다. 그러니 당신도 충분히 해낼 수 있다.

자신감 넘치는 사람들의 공통점

자신감 넘치는 사람에게는 다음과 같은 공통점이 있다. 당신은 몇 가지나 갖고 있는지 체크해보라.

자신감 체크 리스트

1	어려움을 극복하여, 성공한 경험이 굉장히 많다	☐
2	자기애가 강하다	☐
3	자기 이미지가 높다	☐
4	부모로부터 독립해 혼자 산다	☐
5	책임감과 주인 의식이 강하다	☐
6	매사에 긍정적으로 생각한다. 미래 지향적인 생각과 해석을 한다	☐
7	좋은 습관을 지녔다	☐
8	뚜렷한 목적과 목표를 갖고 있다	☐
9	자신의 능력을 발휘할 수 있는 일에 초점을 맞춘다	☐
10	'역경은 최고의 기회'라고 생각한다	☐
11	좋은 지식과 정보를 얻기 위해 노력한다	☐
12	새로운 사람을 만나는 데 두려움이 없다	☐
13	자기만의 장소가 있다	☐
14	누구에게도 지지 않을 나만의 특기를 갖고 있다	☐
15	감사하는 마음을 잊지 않는다	☐

'나는 해당 사항이 별로 없어…'라며 풀죽을 필요는 없다. 이 책을 끝까지 읽은 후 다시 체크해보면 확실히 달라진 모습을 발견할 수 있을 테니까! 단지 여기에서는 '자신감 넘치는 인생을 살기 위해 꼭 필요한 요소'가 무엇인지 아는 것만으로도 충분하다.

자신의 장점을 발견하라

평소에 '나는 굼뜨고 미련해'라고 생각하는 사람은 일을 척척 해내면 왠지 모를 어색함을 느낀다. '굼뜬 내가 일을 깔끔하게 잘하다니, 이건 내가 아니야'라며 브레이크를 거는 것이다. 미련하다는 자기 이미지 때문에 빠릿빠릿한 행동을 하지 못하고 결국 굼뜨고 미련한 인생을 살게 된다.

이처럼 자기 이미지는 사령탑 역할을 한다. 사람은 자기 이미지에 맞게 삶의 태도, 직업, 반려자, 보수, 친구 등을 선택하기 때문이다. 그래서 자기 이미지가 높은 사람일수록 인생 항로가 좋은 방향으로 향한다. 반면, 자기 이미지가 낮은 사람일수록 나쁜 방향으로 흘러갈 가능성이 크다.

그럼 도대체 왜 '굼뜨고 미련한' 자기 이미지를 만들게 된 것일까? 부모의 엄한 꾸지람을 원인으로 들 수 있다.

"넌 왜 이렇게 미련하니? 그냥 시키는 대로 하면 되는데 그것도 못 해?"

"대체 몇 번을 말해야 알아들어? 애가 왜 이러는지, 원!"

이런 말들을 수시로 하며 잘못을 엄하게 지적하면, 아이는 '나는 정말 미련하고 굼뜨구나!'라는 부정적인 암시에 걸린다. 그러다 보면 같은 잘못을 반복하게 되고, 갈수록 부모에게 더 심하게 혼난다. 결국 아이는 점점 자신감을 잃고 굼뜨고 미련한 자기 이미지대로 인생을 살게 되는 것이다.

그렇다면 이런 부정적인 자기 이미지를 바꿀 수는 없을까? 물론 바꿀 수 있다. 미련하고 굼뜨다는 이유로 자기 이미지가 낮아졌어도 '그 대신 나는 꼼꼼하고 끈기가 있어!'라며 자신의 장점을 발견하고 발전시키면, 굼뜨고 미련한 인생이 아닌, 꼼꼼하고 끈기 있는 인생을 살 수 있다.

과거를 부정하거나 이미 모든 것이 끝났다고 절망하지 마

라. 자신을 있는 그대로 받아들이고 그 안에서 장점을 발견했을 때, 새로운 인생을 살 수 있다.

부모의 사랑이 자기애를 키워준다

부모의 역할은 참으로 중요하다. 부모는 우리가 태어나서 가장 먼저 만나는 사람이자, 어떤 일이 일어나도 나를 절대적으로 믿어줄 든든한 존재다. 뿐만 아니라 부모의 사랑은 아이에게 '자기애'를 심어준다. 부모한테 사랑받고 자란 아이는 자기애가 강하고 자기 이미지가 높다.

한편 부부 싸움만 일삼는 부모 밑에서 자란 아이는 자기애가 강한 아이로 성장하기 어렵다. 심리학에 따르면 엄마 아빠가 부부 싸움을 하면, 아이는 '나 때문이야!'라며 자책하는 경향이 있다고 한다. 예를 들어 부모가 이혼해 엄마가 없는 아이는 '나 때문에 엄마가 집을 나간 거야'라며 스스로를 책망한다는 것이다. 이런 아이가 어떻게 자신을 사랑할 수 있겠는가? 돈이 많고 적음은 상관없다. 가난해도 부부 사이가 좋은 가정에서 자란 아이는 자기 이미지가 높다.

부모가 아이에게 사랑을 표현하는 방법도 매우 중요하다. 교육열이 강한 부모는 자식에게 높은 기대치를 품고 사랑을 쏟는다. 부모에게 많은 관심과 사랑을 받은 아이는 당연히 자기 이미지가 높다. 하지만 꽃도 물을 너무 많이 주면 죽어 버리듯이, 아이가 하고 싶은 일을 막으면서까지 과도한 욕심을 부리면 아이의 자기 이미지는 낮아진다. "안 돼!", "하지 마!"라는 말을 자주 듣고 자란 아이는 부정적인 암시에 걸리기 쉽다.

부모의 교육 수준도 자기애와 관련이 있다. 교육 수준이 높지 않은 부모는 지성의 중요성을 가르치지 않을 가능성이 있다. 아이에게 높은 자기 이미지와 자신감을 심어주려면 올바른 교육과 지식, 정보가 반드시 필요하다.

어린 시절 내 의붓어머니는 여섯 살 터울인 배다른 여동생만 예뻐하고 나를 차별했다. 초등학교 때 나는 도시락을 싸 간 적이 단 한 번도 없다. 친구들이 점심시간에 오순도순 도시락을 먹는 동안 나는 수돗가에 달려가 물로 배를 채웠다.

지금은 그 원인이 의붓어머니가 아니라 친아버지에게 있었다는 사실을 알지만 그 당시 나는 의붓어머니 때문에 무척이나 괴로웠다. 결국 열일곱 살에 집을 뛰쳐나왔다.

이런 환경에서 자란 내가 자기 이미지가 높을 리 없었다. 이런 나를 구원한 것은 바로 친어머니였다. 어머니는 내가 가출했다는 소식을 듣고 반년 동안 샅샅이 뒤졌고, 결국 철공소에서 일하는 나를 찾아냈다. 그때만큼 어머니의 사랑을 크게 느낀 적이 없었다. 나는 처음으로 이런 생각을 했다.

'이 세상에 나를 원하는 사람도 있구나.'
'내가 있어도 괜찮구나.'

내가 지금처럼 사는 것은 모두 친어머니 덕분이다. 어머니의 사랑으로 나는 강한 자기애와 높은 자기 이미지를 갖게 되었다.

스스로 책임질 때 자기 이미지가 높아진다

자신감은 '자신(自)을 믿는(信) 마음(感)'이다. 자신을 믿는 사람은 다른 사람에게 의존하지 않고 자립적인 인생을 살 수 있다. 말과 행동에 책임을 지고, 늘 제 몫을 다하게 된다. 당연히 주위 사람들에게 긍정적인 평가를 받는다.

자립에는 경제적 자립과 정신적 자립이 있는데, 이 둘은 떼려야 뗄 수 없다. 경제적으로 자립하지 못하면 정신적으로 자립할 수 없고, 정신적으로 자립하지 못하면 경제적으로 자립할 수 없기 때문이다.

나 역시 한때 경제적으로 자립하지 못했던 시기가 있었다. 경제적으로 자립하지 못하니, 당연히 정신적으로도 자립할 수 없었다. 주위 사람에게 의존하는 마음이 커지고, 의지도 약해졌다. 어떤 일이 생기면 남을 탓하기 일쑤였고, 내 잘못을 정당화하기 바빴다. 이처럼 무책임하게 인생을 허비하던 중, 친구에게 빌린 돈을 못 갚아서 '사기꾼' 취급을 받게 됐다. 그 순간 '이건 아니잖아!'라는 생각이 번뜩 들었다.

'성실한 사람이 되자. 남을 배신하지 않는 사람이 되자.'

  나는 이런 글을 쪽지에 적어 품에 간직한 채 산을 오르기 시작했다. 정상에 올라 '혼자서도 해낼 수 있어! 절대 의지력이 약한 게 아니야!'라는 사실을 확인하고 싶었다.

  산은 누가 업고 오르지 않는 이상 혼자 힘으로 올라가야 한다. 게다가 산에 오르다 보면 시시때때로 변수가 생긴다. 갑작스레 비가 내릴 수도 있고, 정상에 오르기도 전에 해가 질 수도 있다. 절벽을 만날 수도 있고, 발을 헛디뎌 응급 상황에 처할 수도 있다. 급박하게 변하는 환경 속에서 최선의 선택을 내려야 한다. 산에 오르면서 나는 정신적 자립심을 크게 기를 수 있었다. 그래서 나는 자신감이 부족한 사람들에게 등산을 강력 추천한다. 자립심, 책임감 등을 기를 수 있기 때문이다.

  등산뿐 아니라 일상생활 속에서도 정신적 자립심을 키울 수 있다. '내가 책임진다'는 마음으로 자신과의 약속을 반드시 지키면 된다. 예를 들어 '하루에 윗몸 일으키기 50번 하기'

로 마음먹었다면 무슨 일이 있어도 지켜야 한다. 이처럼 아주 사소한 약속이라도 지켜나가다 보면 자기를 믿는 마음, 즉 자신감은 커지고 자기 이미지 또한 높아진다.

눈앞의 즐거움보다 긴 안목으로 보라

미래를 보지 못하고 순간의 즐거움만 좇는 사람들이 있다. 고통을 피하고 싶은 마음에 지금 당장 하고 싶은 일, 갖고 싶은 것, 만나고 싶은 사람에게만 관심을 둔다. 문제는 이렇게 살다 보면 평생 자신감을 쌓을 수 없다는 데 있다. 고통을 극복했을 때 자신감이 쌓이기 때문이다.

자신감 넘치는 인생을 살고 싶은가? 그렇다면 눈앞의 즐거움에 휩쓸리지 마라. 그리고 고통 너머에 진정한 행복이 있다는 사실을 반드시 기억해야 한다.

뒷짐 지고 박수를 칠 수는 없다. '짝짝짝!' 하고 경쾌한 소리를 내려면 두 손에 바싹 힘을 주고 맞부딪혀야 한다. 어떤 일을 하든 노력이 필요하다. 아무것도 하지 않으면 이룰 수 있는 것은 없다. 고통에 당당히 맞서고, 인생의 궁극적인 목적을 향해 살 때 진정 원하는 것을 손에 넣을 수 있다.

'난 자신 없으니까 잘 못 해도 너그럽게 봐줘!'
'그냥 하라고 해서 했을 뿐이야.'

자신 없다는 말로 은근슬쩍 책임을 떠넘겨도 안 된다. 이런 행동은 '나는 자신감이 없을 뿐 아니라 빌빌대는 인간입니다'라고 광고하는 것이나 다름없다. 주위에서 자신감 넘치는 사람을 찾아내 그처럼 생각하고 행동하라!

'진심으로 하고 싶은 일'에 솔직해져라

처음부터 부모였던 사람은 없다. 부모라면 누구나 첫아이를 낳는 순간을 맞는다. 그런데 한 번도 아이를 키워본 적이 없는데도 신기하게 한밤중이든 새벽이든 아이가 울면 벌떡 일어나 아이를 돌본다. 아이 키우는 데 자신 있어서 부모가 되는 사람은 없다. 단지 '내 아이를 훌륭하게 키우고 싶어!'라는 바람 하나로, 경험이 없어도 최선을 다하는 것이다.

사람은 '하고 싶다'는 열망을 좇아 움직인다. 열망이 뚜렷한 사람일수록 의지가 강하고, 행동이 명확하다. 하지만 열망이 없는 사람은 '나 같은 건 뭘 해도 안 돼!'라며 시작도 하기 전에 포기한다.

가치 없는 인생은 없다. 그러나 많은 사람들이 이 사실을 간과하고, 자신에게 가치 있는 목적이나 열망을 발견하지 못한 채 산다. 자신의 가치를 모르는 사람은 부모에게 넘치는 사랑을 받아도 깨닫지 못한다. 회사에서 아무리 중요한 사람으로 대우해줘도 그렇게 생각하지 않는다. 오히려 '사람들이 나를 멸시하는 것 같아!'라고 생각하기도 한다.

인생은 반드시 살아볼 만한 가치가 있다. 그리고 자신에게 가치 있는 목적과 열망도 틀림없이 존재한다. 열망은 자신감에 버금가는 원동력이 된다. 긍정적인 의미의 열망을 품으면 사람은 자연스레 변화한다. 그러면 지금보다 훨씬 멋진 인생을 살 수 있다.

한 걸음 나아가 '진심으로 하고 싶은 일'에 솔직해져라. 좋아하는 일을 하는데 눈치를 볼 필요는 전혀 없다. 자신이 좋아하는 일에 몰두하는 동안 자신감이 무럭무럭 자라는 걸 느낄 수 있다.

자신이 내린 평가가 가장 중요하다

'진짜 내가 하고 싶은 일이 무엇인지 모르겠다.'

'취미로는 괜찮은데, 직업으로는 못 할 것 같다.'

많은 사람들이 하고 싶은 일을 못 찾았거나, 생계를 위해 진짜 하고 싶은 일을 포기한다. 하지만 하고 싶지 않은 일을 하면서 열정을 발휘하기는 힘들다. 물론 자신감도 길러지지 않는다. 진짜 하고 싶은 일에서 승부를 보아라.

만약 부득이한 사정으로 하고 싶은 일을 하지 못한다면, 지금 하는 일에서 자신감을 찾아야 한다. 이때 주위 사람에게 도움을 받을 수 있다. 나를 믿어주는 주위 사람들의 마음을 자신감의 토대로 삼는 것이다.

나는 브리태니커에 입사 후 한 달 동안 단 한 건의 주문도 받지 못했다. 잘려도 할 말이 없는 나날을 보내고 있을 때, 상사가 용기를 불어넣어 주었다.

"아오키, 왜 그렇게 힘이 없어?"

걱정하는 상사 앞에서 나는 고개를 푹 숙인 채 고민을 털어놓았다.

"과장님, 한 달 동안 주문을 한 건도 못 따냈습니다. 저는 이 일이 적성에 맞지 않는 것 같습니다."

그러자 과장님은 내 어깨를 두드리며 격려를 해주셨다.

"난 자네가 반드시 주문을 따낼 거라고 믿네! 내 믿음과 주문을 못 따낼 거라는 자네 믿음 중 무엇을 믿겠나?"

그 말에 나는 자신감을 얻었다. 형편없는 실적에도 불구하고 상사는 나를 포기하지 않았다. 오히려 '반드시 할 수 있다!'고 믿어주었다. 신기하게도 얼마 지나지 않아 무사히 첫 주문을 따낼 수 있었다.

이처럼 다른 사람이 나를 믿어주면, 자신감을 얻을 수 있다. 하지만 이렇게 얻은 자신감은 초반에 잠깐 빛을 발할 뿐이다. 중요한 것은 자기 자신을 인정하는 것이다. 성공한 사람은 타인의 평가가 아니라 자신의 평가를 훨씬 중요하게 생각한다. 이들은 주위에서 아무리 대단하다고 치켜세워도 스스로가 인정할 때까지 도전한다. 또한 다른 사람이 인정하지 않아도 스스로 옳다고 생각하면 포기하지 않는다.

다른 사람의 말 한마디에 일희일비(一喜一悲)해서는 진정한 자신감을 얻었다고 하기 어렵다. 진정한 자신감은 말 한마디에 쉽게 무너지지 않는다. 다른 사람의 말에 너무 좌지우지되지 마라. 그리고 스스로 인정할 수 있을 때까지 포기하지 말고 도전하라!

자신의 이상을 추구하라

'내가 이렇게 좋아하고 잘 대해주는데, 어쩜 하나도 몰라줄 수 있지?'

연인 사이에서 자기가 해준 만큼 보답받지 못한다고 여기고 속상해하는 사람들이 있다. 하지만 잊지 마라. 상대방의 마음까지 내가 결정할 수는 없다. 능력 밖의 일이라는 뜻이다.

이것은 일에서도 마찬가지다. 다른 사람에게 인정받기 위해 너무 애쓰지 마라. 인정받지 못한다고 느끼면, 그 순간 일의 목적을 잃어버리기 쉽다.

남에게 인정받는 것을 기준으로 삼지 말고, 스스로에게 인정받는 것을 기준으로 삼아라. 그러다 보면 다른 사람의 의견에 얽매여 주눅 드는 일이 없어진다. 의사가 아무리 훌륭하게 치료했어도, 낫는 속도는 환자에게 달렸다.

경영자의 입장에서는 직원이 퇴사할 때 가장 괴롭다. 나도 언젠가 직원 한 명이 그만둬 실의에 빠진 적이 있다. 나는 나름대로 최선을 다했다고 생각했지만, 그 직원은 부족함을 느끼고 떠난 것이다. 왠지 모르게 내 존재 가치가 사라지는 듯한 기분이 들었다. 그런데 친구로부터 이런 말을 들었다.

"아오키, 혹시 자네가 무척 대단하다고 착각하고 있는 거

아냐? 자네 곁에 있으면 무조건 행복할 거라고 누가 정했지? 사실 자네는 매사에 철저해서 옆에 있는 사람이 좀 힘들어한 다네. 자네처럼 철저한 사람을 골라서 들이지 않으면 아무도 못 견딜 거야."

나는 커다란 망치로 뒤통수를 한 대 맞은 것처럼 정신이 번쩍 들었다. 나는 직원들을 행복하게 해주고 싶었다. 하지만 행복하다고 느끼는 주체는 직원이다. 그래서 나는 가능한 한 직원의 입장에서 생각하려고 애썼다. 적성과 능력에 맞게 부서를 배치하고, 직원 복지를 위해 노력했다.

혹시 일이 잘 풀리지 않을 때마다 환경을 탓하거나 남 탓으로 돌리지는 않는가? 또는 불평, 불만을 입에 달고 살지는 않는가?

모든 일의 근원은 자기 자신이다. 찔리는 구석이 있다면 지금부터라도 조금씩 바꿔나가라. 다른 사람에게 인정받기보다 내가 먼저 남을 인정하는 인생을 살기 바란다. '상대방이 나를 믿어주지 않아', '나는 사랑받지 못하고 있어'라고 생각하지 말고, 먼저 주위 사람들을 믿고 사랑하라.

'다른 사람에게 도움 되는 사람이 되어라!'

'상대방을 먼저 믿어라!'

실천하기 어렵고 왠지 손해 보는 것 같지만, 기억하라. 이
것을 실천하다 보면, 성장의 결실을 손에 넣을 수 있다.

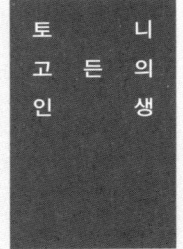

토니 고든의 인생

토니 고든은 세계적으로 인정받는 '보험왕'이다. 하지만 그가 처음부터 영업 능력에 두각을 나타냈던 것은 아니다. 첫 번째 계약도 무려 마흔두 번째 고객을 만났을 때 겨우 따냈다고 한다.

영업을 시작하기 전의 인생을 되짚어봐도 그는 결코 주목받는 삶을 살지 못했다. 열여섯 살에 고등학교를 중퇴하는 바람에 할 수 있는 일이라고는 동네 백화점에서 창고를 정리하는 일뿐이었다. 몇 번이고 다른 일자리를 찾아보았지만, 좀처럼 면접 기회를 얻지 못했다. 이랬던 그가 어떻게 보험왕에 등극할 수 있었을까?

토니 고든이 처음 보험 영업에 뛰어든 것은 생명보험 영업 사원 모집 광고를 보고 나서였다. 보험 영업을 하겠다고 하자 "네가 그 일을 어떻게 하느냐", 성격상 "넌 못 할 거다"라며 온 가족이 그를 말렸다. 하지만 그동안 수차례의 좌절만 겪었던 그는 '이번에는 기필코!'라는 마음이었다.

첫 계약을 따낸 후 자신감이 붙기 시작했다. 어느 순간부터는 크게 힘들이지 않고도 먹고살 수 있을 정도가 되었다. 하지만 먹고 사는 것만이 능사는 아니었다. 실적은 늘 제자리를 맴돌았고, 만족을 느끼지 못하는 무기력한 삶이 반복되었다. 그러던 그에게 터닝 포인트가 찾아왔다. 그는 보험협회 세미나에서 연설을 들은 후, '나는 그동안 자신뿐 아니라 가족과 고객에게 충실하지 못했구나! 결국 내 노력이 부족한 탓에 실적이 늘 제자리였어!'라는 것을 절실히 깨달았다.

그 후 '오늘 할 일은 죽었다 깨어나도 오늘 끝낸다!'는 결심 아래 하루하루 목표에 매진했다. 그러자 놀랍게도 실적은 두 배로 뛰었고, 보험 영업을 시작한 지 8년 만에 MDRT(Million Dollar Round Table : 백만 불 원탁회의) 회원이 되었다.

그는 현재 자신의 경험을 바탕으로 40여 개국을 돌며 강연을 하고 있다. 그는 말한다. "목표를 이룰 용기만 있다면 무엇이든 이룰 수 있다. 스스로 용기를 가지고 조금씩 변하기 시작할 때 모든 게 달라진다. 조그만 변화가 결국 큰 변화를 가져오기 때문이다!"

Part. 2

지금부터 새로 시작하라

자기 이미지는 얼마든지 바꿀 수 있다

인생은 선택의 연속이다. 매 순간의 선택이 인생을 좋은 방향으로 이끌기도 하고 나쁜 방향으로 이끌기도 한다.

인생 = 선천적 특질 × 환경 × 선택

이것은 내가 만든 '인생 방정식'이다. '선천적인 특질'은 태어날 때부터 가진 기질과 성질을 말한다. 여기에는 부모 덕분에 자란 자기애와 자기 이미지도 포함된다. '환경'은 지금 있는 곳에서 받는 영향을 말한다. 가정과 직장이 대표적이다. 마지막으로 '선택'은 말 그대로 자기가 고를 수 있는 영역이다.

인생 방정식을 언급한 이유는 '인생은 바꿀 수 있다'는 사실을 알리고 싶어서다. 1장에서 '부부 사이가 나쁘면 아이들의 자기애와 자기 이미지가 자라기 어렵다'고 했다. 자식은 부모를 선택할 수 없다. 현재 부모의 영향으로 자신감이 부족하거나 자기 이미지가 낮은 것은 어쩔 수 없다. 그러나 어른이 되면 스스로 환경을 바꿀 수 있다. 그리고 무엇이든 자기 의지대로 선택할 수 있다. 결국 환경과 선택에 따라 자기만의 인생을 살 수 있는 것이다.

내가 자란 환경은 그리 좋지 못했다. 돈이 없어서 어릴 때부터 신문 배달을 했고, 식빵 모서리를 사다 먹었다. 그마저도 10엔은 있어야 먹을 수 있었다. 가난한 환경에서 자란 만큼 부자가 되고 싶다는 열망이 강했다. 그래서 부유한 삶에 걸맞은 사람이 되기 위해 죽기 살기로 능력을 키웠다.

세상 물정 모르는 열일곱 살에 사회로 나와 수많은 어려움을 겪었다. 어리석은 선택을 한 적도 무척 많다. 하지만 이러한 경험 덕분에 자신감과 자기 이미지를 높이 쌓을 수 있었다. 자기가 선택하고 책임질 수 있는 환경 속에서 맛보는 '고통'은 자신감과 자기 이미지의 원천이 된다. 자기 힘으로 고통을 이겨내는 순간, 스스로를 신뢰할 수 있게 되기 때문이다.

고통스러운 상황을 극복하지 못하고 포기한 사람은 고통을 포기한 것이 아니라 멋진 인생을 포기한 것이다. 고통을 이겨낸 사람은 '자신감이 충만한 인생'을 선택한 것이나 다름없다. 반대로 고통을 견디지 못하고 현실과 타협한 사람은 '안일하고 나태한 삶'을 선택한 것과 같다.

자신의 사고방식에 따라 선택은 달라진다. 시작도 하기 전에 '안 될 텐데, 뭐!'라고 생각하지 마라. '해본 적 없어!'라며 한발 물러서지도 마라. 이러한 생각은 작은 고통에도 쉽게 포기하게 만든다.

자신을 믿는 마음은 오로지 경험을 통해 자란다. 고통을 이겨내고 자신감이 생기면 결과적으로 풍요로운 인생을 살 수 있다. 포기하고 싶은 마음이 들 때는 이렇게 외쳐라.

"누구나 멋진 인생을 살 수 있다!"
"반드시 할 수 있다!"

기질은 못 바꿔도 행동은 바꿀 수 있다

'난 원래 소심해.'

'얌전한 성격인 걸 어떡해?'

'난 원래 이렇잖아'라고 생각해 도전도 하지 않고 미리 포기하는 사람들이 있다. 이런 사람들에게 말해주고 싶다. 인생은 바꿀 수 있고 끊임없이 노력하면 선천적인 기질에 상관없이 누구나 성공하는 사람으로 다시 태어날 수 있다.

다시 한 번 인생 방정식을 떠올려보자.

인생 = 선천적 특질 × 환경 × 선택

이 중에서 선천적인 특질을 빼고는 모두 내 의지대로 자유롭게 고를 수 있다. 지금 당장 환경을 바꾸기 어려운 상황이라고 실망하지 마라. '선택'을 하는 것만으로도 성공에 한 발자국 다가갈 수 있다.

아침에 여유 시간을 얼마나 가지는가? 혹시 일어나서 허

겁지겁 씻고 나가야 간신히 지각을 면하는 생활 패턴을 가진 것은 아닌가? 만약 그렇다면 앞으로는 30분 정도 일찍 일어나는 습관을 들여라. 그 시간 동안 인생의 목적과 목표를 살펴보고 오늘 할 일의 우선순위를 정해라. 이것만으로도 자신감을 키울 수 있다.

성공의 비결은 알고 보면 무척 간단하다. 자기 실력보다 약간 높게 목표를 세우고 실행하면 된다. 목표를 달성하면 자신감은 따라온다.

성공을 위해서는 진심을 다해야 한다. 지금까지 나는 성공을 위해 진심을 다했다. 영업 실적이 저조할 때도 마찬가지였다. 마음을 굳게 먹고 일단 저지르고 봤다. 될지 안 될지는 해보지 않으면 아무도 모른다. 실패를 두려워 말고 흥미 있는 일부터 시작하라.

높은 벽에 부딪혔을 때는 할 수 있는 데까지 발버둥 쳐보는 것도 좋다. 꼴사납다고 생각할 수도 있지만 그렇게 하다 보면 한 줄기 희망을 발견할 수 있다. 책, 사람 등을 통해 희망을 발견했다면, 올인하라. 갖가지 방법과 정보를 알아내 전부 실천하는 것이다.

'자신 없다'고 생각하는 사람은 도중에 도전을 멈출 가능성이 크다. 그러나 '못 한다'는 사실을 인정하지 않는 사람은 절대 포기하지 않는다. 그리고 결국 자신감과 성공을 손에 거머쥔다.

아직 늦지 않았다. 지금부터 멋진 인생을 만들 수 있다. 흥미 있는 일, 조금이라도 관심 있었던 일에 적극적으로 나서라. 그리고 이미 성공한 사람의 말과 행동을 흉내 내라.

내 인생의 주인이자 디자이너는 바로 나다. '자신의 선택'을 바꾸어 멋진 인생으로 다시 태어나라.

자신을 정당하게 평가하고 남과 비교하지 않는다

세상은 참 재미있다. '조금만 더 자신감을 가지면 좋을 텐데. 왜 저렇게 축 처져 있을까?'라는 생각이 드는 사람이 있는 반면, '대체 저 자신감은 어디서 솟는 거야?'라는 생각이 절로 들 정도로 자신감 넘치는 사람이 있다.

자신감을 키우려면 자신을 인정하는 것이 급선무다. 남과 자신을 비교하며 작아질 필요는 전혀 없다.

이제 겨우 걸음마를 뗀 아이를 보고 "왜 저 아이는 달리기를 못 하는 거야?"라고 비난할 사람은 아무도 없다. 혹시 너무 높은 목표를 잣대로 삼아 스스로를 재고 있지는 않은가? 턱없이 높은 목표는 좌절감만 가져다줄 뿐이다. 과거의 자신과 비교하는 것도 금물이다.

'학창 시절에는 늘 1등이었는데….'

'전에 다니던 회사에서는 최고의 영업 실적을 자랑했는데….'

'예전에는 할 수 있었는데….'

과거와 비교하며 '지금의 나는 왜 이렇게 한심할까?' 하고 자신을 비난하지 마라. 이것은 다른 사람과 비교하며 자기를 비하하는 것과 다를 게 하나도 없다.

과거는 추억일 뿐이다. 좋은 경험이라고 해서 현재로 끌어올 수 없고, 나쁜 경험이라고 해서 바꿀 수도 없다. 그렇기 때문에 과거와 비교하는 것은 아무런 의미가 없다. 바꿀 수 있는 것은 현재의 자신뿐이다. 따라서 현재의 자신에게 초점을 맞추어야 한다.

이기려고 하지 말고 강해지려고 노력하라!

내가 아들에게 종종 들려주는 말이다. 이기려고 하지 말고 강해지는 것에 집중하라.

'토끼와 거북이' 이야기에서 토끼는 느림보 거북이에게 지고 말았다. 왜 그랬을까? 토끼의 목표는 거북이를 이기는 것이었고, 거북이의 목표는 결승점에 도달하는 것이었다. 토끼는 거북이보다 훨씬 잘 달린다고 자만했다. 하지만 거북이는 자신의 달리기 실력은 아랑곳하지 않고 오로지 결승점만 보고 갔다. '어떻게 하면 목표를 달성할 수 있을까?'를 끊임없이 생각한 것이다. 그 덕분에 느림보 거북이는 날쌘 토끼를 이길 수 있었다.

다른 사람에 비해 자신이 보잘것없다고 느껴질 때는 거북이를 떠올려라. 이기는 것은 중요하지 않다. 강해지는 것이 중요하다.

역경은 행복의 전주곡이다. 모든 역경 속에는 성공의 씨앗이 반드시 숨어 있다.

'아픈 만큼 성숙한다'는 말이 있다. 실패한 만큼 노하우가 쌓이고, 고통스러운 만큼 강해질 수 있다. 이 과정을 겪으면 자신감이 생긴다. 약해빠진 자신의 모습이 꼴보기 싫은가? 그렇다면 고통을 이겨내라. 한층 강해진 내 모습을 발견할 수 있다.

내 인생은 내가 개척한다

'나는 누구에게도 인정을 못 받아!'라고 생각하는 사람이 의외로 많다. 나도 그렇게 생각한 적이 있었다. 브리태니커에 들어간 지 얼마 안 되었을 때 실적에 대한 압박이 무척 심했다. 영업 세계는 한 치 앞도 보장할 수 없다. 실적만으로 월급이 결정되기 때문에 끊임없이 실적을 올려야 인정받고, 그렇지 않으면 내쫓겼다. 실적이 좋을 때는 일시적으로 우월감에 빠졌다가도, 조금만 실적이 떨어지면 자괴감 속에서 허우적거렸다. 이럴 때는 하루에 담배를 세 갑씩 피우며 술로 불안을 달래야만 했다.

하지만 있는 그대로의 나를 받아들이고 사랑하기 시작하면서 이 모든 악순환의 고리를 끊을 수 있었다. 실적에 이리저리 끌려다니지 않고 주도적인 인생을 살 수 있었다.

자신의 존재 가치를 못 느끼는 사람은 나약할 수밖에 없다. 하지만 혼자 우뚝 서지 않으면 절대 행복한 인생을 살 수 없다. 아무리 괴롭고 슬퍼도 툴툴 털고 일어나 자신의 인생을 걸어가야 한다.

내 인생의 칼자루는 내가 쥐고 있다.

내 인생은 내 것이다. 밝고 희망찬 인생을 살 것인지, 암울하고 괴로운 인생을 살 것인지는 자기 마음에 달려 있다. '나는 있는 그대로의 나를 사랑해!'라고 생각하며 당당한 인생을 살기 바란다. 더 나은 인생을 살게 해줄 사람은 자신밖에 없다.

자기 인생은 스스로 개척해야 한다.

어차피 한 번 사는 인생, 스스로를 사랑하며 행복하게 살고 싶지 않은가? 물질적 · 정신적으로 풍요로운 인생을 개척하기 위해 자신을 새롭게 재창조하라.

주인 의식이 강할수록 성공한다

나는 나 자신을 인정함으로써 내 인생을 전부 책임질 수 있는 사람이 되었다. '전부 책임진다'는 말은 '주인 의식을 갖는다'는 말과 같다. 주인 의식이란 가사, 빨래, 청소, 육아와 같이 내 주위에 있는 일은 모두 '내가 한다'는 생각을 갖는 것이다. 만약 내가 하지 못하고 주위 사람이 도와줬을 때는 "고맙습니다"라고 감사의 마음을 전하는 것이다. 주인 의식이 강하면 반드시 성공한다.

주인 의식의 반대는 노예근성이다. 노예근성은 무슨 일이든 다른 사람에게 기대려는 생각이다.

'청소나 빨래는 아내에게 맡기면 되지!'
'가사나 육아는 여자 몫이지!'

노예근성을 가진 사람들은 다른 사람에게 감사할 줄 모르고 어떤 일이든 자기 좋을 대로 해석한다. 성공한 사람들 중에는 노예근성을 가진 사람이 단 한 명도 없다. 일본전산 주식회사의 대표이사, 나가모리 시게노부는 경영난에 허덕이는 적자 기업을 차례차례 매수해 흑자로 전환시킨 사람이다. 이렇게 성공할 수 있었던 것은 주인 의식이 강했기 때문이다. 자동차 제조회사인 스즈키 주식회사의 대표이사, 스즈키

오사무도 마찬가지다. 이 두 사람 외에도 우량 기업의 경영자는 모두 주인 의식이 강하다. 직원 수에 상관없이 모든 책임을 혼자서 진다.

주인 의식을 가진 사람들은 회사를 위해서라면 절대로 물러서는 법이 없다. 고난과 역경 속에서도 기필코 이루어낸다. 이 모든 게 '책임진다'는 자세 덕분이다. 물러서지 않는 마음 뒤에는 '다른 사람에게 맡기지 않고 내가 한다. 내가 회사를 지키지 않으면 누가 지키겠는가!'라는 강렬한 주인 의식이 숨어 있다. 책임지는 자세, 이것이야말로 경영자가 반드시 지녀야 할 기본 자세다.

반대로 주인 의식이 없는 경영자는 진정한 경영자라고 할 수 없다. 이들은 회사의 실적이 나빠지면 불경기나 직원들을 탓한다. 이러한 무책임한 태도는 적자를 불러올 수밖에 없다.

내가 스무 살에 독립해 차린 회사가 도산한 것도 사실 주인 의식이 부족했기 때문이었다. 경리 직원 하나만 둔 작은 회사였는데, 결산서도 제대로 못 읽고 자금 조달 방법도 모르는 상태에서 무작정 시작한 터라 얼마 못 가서 정리해야만

했다. 만약 주인 의식을 갖춘 상태였다면 회사를 차리기 전에 준비를 철저히 했을 것이다.

우리는 모두 '인생'을 꾸려가는 경영자다. 따라서 주인 의식을 갖고 인생을 만들어나갈 책임이 있다.

'내 인생은 내가 책임진다!'

이런 생각을 가지면, 빛나는 인생을 만들 수 있다.

목적대로 살면 부정적인 생각이 사라진다

이 세상에 완벽한 사람은 없다. 누구든지 다른 사람에게 말 못 할 고민이나 콤플렉스 한두 가지는 가지고 있다. 고민이나 콤플렉스 자체는 사실 큰 문제가 아니다. 그러나 이것 때문에 부정적인 생각을 하고, 자신감이 사라진다면 가능한 한 빨리 해결해야 한다.

나는 20대 때 체중이 48kg밖에 안 나갈 정도로 무척 말랐었다. 빼빼 마른 몸 때문에 콤플렉스가 심해서 수영장이나 바닷가에는 얼씬도 하지 않았다. 지금 생각하면 그렇게 신경 쓸 만한 일은 아니었던 것 같다. 사실 내 마른 몸을 보고 손가락질할 사람은 아무도 없었기 때문이다. 만약 그때 콤플렉스에 얽매이지 않고 친구들과 수영장이나 바닷가로 놀러 다녔다면 더 돈독한 우정을 쌓을 수 있지 않았을까? 또 그곳에서 내 인생을 바꿀 기회를 만났을지도 모른다.

콤플렉스에서 벗어나기 위해서는 새로운 목적을 갖는 게 좋다. 나 같은 경우에는 결혼하고 아이가 생기자 '아이와 함께 수영장에 가야 한다'는 목적이 생겼다. 그러자 내 마른 체형 따위는 안중에도 없었다. 목적과 열망은 부정적인 생각에서 벗어나게 한다. 새로운 목적을 만들기만 해도 과거의 편견을 부술 수 있다.

직접 말로 표현하는 것도 무척 효과적이다. 남이 뭐라고 하기 전에 "나 되게 말랐어"라고 선언하는 것이다. 사실 남의 몸매에 깊은 관심을 두는 사람은 얼마 없다. 대다수의 사람들은 내 선언에 대수롭지 않다는 반응을 보인다. 이러한 반응은 '내

고민이 별것 아니었구나!'라는 사실을 깨닫게 해준다.

그래도 해결이 안 되면 원인을 없애라. 이것이 콤플렉스에서 벗어나고, 부정적인 생각을 사라지게 하는 마지막 수단이다. 하지만 실제로 원인을 없애기란 쉽지 않다. 이럴 때는 '행동'에 초점을 맞춰라. 몸매에 콤플렉스가 있다면 운동을 통해 극복하면 된다. 몸짱까지는 아니더라도 운동하고 있는 나에 대해 자신감을 갖게 된다. 만약 다이어트가 문제라면, 이상적인 몸매의 연예인 사진을 붙여놓는 등 동기부여가 되는 장치를 마련하는 것도 효과적이다.

우선 할 수 있는 일에 초점을 맞춰라

언젠가 전 스키 선수이자 등산가인 미우라 유이치로와 대담할 기회가 있었다. 그는 2008년 5월 26일, 75세의 나이로 에베레스트 산 등정에 성공해 '일본 최고령 에베레스트 등정 기록'을 세웠다. 고령의 나이에도 굴하지 않고 에베레스트 산에 오를 수 있었던 비결은 무엇일까?

"저는 등산을 할 때 기필코 정상에 오르겠다는 생각을 하지 않습니다. 지금 눈앞에 보이는 봉우리만 생각합니다. '지금 여기를 넘고 있구나!' 하는 말을 반복하면서 오르다 보니 어느새 해발 8,000미터의 에베레스트 산 정상에 오른 내 모습을 볼 수 있었습니다."

미우라는 '눈앞의 일에 전력을 다하는 것'을 에베레스트 산 등정의 성공 비결로 꼽았다. 인생도 마찬가지다. 목적과 목표를 세웠다면, 눈앞에 펼쳐진 과제에 전력을 다해야 한다.

이때도 목표가 너무 높으면 안 된다. 실현 가능한 수준으로 목표를 잡고, 눈앞의 과제를 하나씩 이루면서 조금씩 수준을 높여야 한다. 또한 자신이 컨트롤할 수 있는 일에만 초점을 맞추어야 한다. 자기 능력을 벗어난 일에 몰두하다 보면 넘을 수 없는 벽에 부딪혀 좌절하기 쉽다. 이것은 결과적으로 자기 이미지와 자신감을 떨어뜨린다.

온 힘을 다해 열심히 하면 어떤 결과가 나오든, 알아주는 사람이 반드시 있다. 자신을 알아주는 사람이 있다는 것은 자신감을 싹트게 한다. 처음에는 "열심히 했군!", "잘했어!"

라는 다른 사람의 말 덕분에 자신감이 생기지만, 포기하지 않고 꾸준히 하다 보면 '내가 정말 열심히 했구나!', '누가 뭐래도 잘했어!'라며 스스로를 인정하는 순간이 온다. 이때 얻는 자신감은 평생 꺾이지 않는다.

나는 '정상으로 가는 길'이라는 강연을 18년 동안 한 번도 쉬지 않고 계속했다. 주위 사람들은 "한 강연을 20년 가까이 계속하다니 정말 대단하십니다!"라고 치켜세우곤 한다. 그럴 때마다 기분은 좋지만 한편으로는 '아직 내 꿈을 이루려면 멀었는데!'라는 생각이 든다.

나는 스스로가 만족할 때까지 강연을 계속하고 싶다. 그리고 내 강연을 듣는 사람들에게 기대 이상의 기쁨과 감동, 만족을 주고 싶다. 이 바람을 이루기 위해 쉰 살이 넘은 지금도 최선을 다해 열심히 살아가고 있다. 그 덕분에 자신감 넘치는 인생을 갖게 되었다.

역경 뒤에는 성공의 기회가 찾아온다

살다 보면 어쩔 수 없이 역경에 부딪히는 순간이 온다. 역경에는 고통이 따른다. 극복하는 과정도 쉽지 않아 역경을 피하려는 사람들이 많다. 그러나 모든 역경 속에는 성공의 씨앗이 숨어 있다. 나는 이 사실을 온몸으로 깨달았다.

내가 스무 살에 독립하여 차린 회사는 고급 생필품을 파는 회사였다. 처음에는 매출이 좋았지만 시간이 갈수록 입금이 늦어지는 거래처가 하나둘 생겨났다. 그래도 판매에 자신 있었기 때문에 큰 문제가 아니라고 무시했다.

얼마 지나지 않아 거래처로부터 지불이 연체되고, 외상 판매 대금이 회수되지 않았다. 결국 자금이 부족해 회사를 정리하고 3,000만 엔에 가까운 빚만 남았다. 정말 최악의 상황이었다. 하지만 이 빚이 없었다면 브리태니커에 들어갈 일도 없었을 테고, 거기서 최고 영업 사원이 되기 위해 고군분투하며, 자신을 훈련할 일도 없었을 것이다.

지금 몸담은 어치브먼트 주식회사도 설립 후 10년 동안은 역경의 연속이었다. 가장 힘들었던 일은 팔린다고 확신하고 대량 생산한 교재가 하나도 팔리지 않았을 때였다. 1억 5,000만 엔어치 재고가 남았고, 회사는 도산 직전까지 갔다.

하지만 나는 브리태니커에 입사해 최고 영업 관리자까지 올라가 빚 3,000만 엔을 갚은 경험이 있었다. 이 경험은 내게 큰 힘이 되었다. '재고를 전부 팔겠다'고 마음먹고, 교재 내용을 바탕으로 강연을 시작했다. 첫 강연 때 수강생은 고작 다섯 명에 불과했다. 그로부터 20년 가까이 흐른 지금은 매번 200명 정도의 수강생이 참가한다. 지금까지 총 수강생 수는 2만 명을 돌파했으며, 내 강연은 우리 회사의 대표적인 강연으로 성장했다.

그야말로 전화위복이 된 셈이다. 위기를 이겨낸 경험은 내게 커다란 자신감을 가져다줬다. 그리고 스스로를 '운이 좋은 사람'이라고 여길 정도로 긍정적인 사람이 될 수 있었다.

만약 그때 엄청난 재고가 생기지 않았다면, 교재를 이용한 연수 프로그램도 생각할 수 없었을 것이고, 지금의 메인 상품인, 전략적 목표 달성 프로그램 '정상으로 가는 길' 강좌도 탄생하지 못했을 것이다.

괴롭기만 하거나 즐겁기만 한 인생은 없다. 인생을 살다 보면 괴로움과 즐거움이 번갈아 찾아오고, 사람은 그 과정을 겪으면서 성장한다. 당시에 그 사실을 깨닫지 못할 뿐이지 지나고 나면 '내가 그 괴롭던 시절에 성장했구나' 느끼는 순간이 찾아온다.

인생에서 최후의 승자는 고통을 견뎌낸 사람이다. 에도 막부의 초대 장군인 도쿠가와 이에야스는 "인생은 무거운 짐을 지고 먼 길을 떠나는 것과 같으니 서두르지 마라"라는 말을 남겼다.

수많은 난관을 돌파하고, 성공을 경험했을 때, 평생 꺾이지 않는 자신감이 쌓인다. 그 역경은 오로지 자기 힘으로 이겨내야 한다. 결코 누가 도와주거나 거저 해주지 않는다. 역경 앞에서 주저앉고 싶을 때는 아래의 말을 떠올려라.

모든 역경 속에는 성공의 씨앗이 숨어 있다.

역경을 한차례 이겨내면 새로운 역경이 찾아온다. 역경을 이겨내는 유일한 방법은 '이것이 기회다!'라고 생각하고 감내하는 것이다. 나는 역경을 넘어 성공으로 이어지는 경험을 몇 차례 했다. 그러다 보니 오히려 역경이 좋아졌다. 새로운 역경이 찾아오면 '오! 또 기회가 왔군' 하는 기대마저 든다.

날마다 진심으로 감사하라

매사에 감사하는 마음을 지니면 인생은 긍정적인 방향으로 나아간다. 가정, 직장, 학교 등 자신이 몸담은 곳에서 당연하게 여기던 것을 떠올려보라. 그리고 앞으로는 이들에게 '감사하는 마음'을 가져라.

나는 우리 부모님께 감사한다. 특히 어머니께 감사하는 마음은 말로 다할 수 없다. 열일곱 살에 집 나온 나를 찾기 위해 일까지 쉬면서 반년 동안 애쓰셨고, 그 덕분에 '나는 사랑받고 있구나!'라는 사실을 깨달았다.

사랑받고 있다는 사실을 깨달으면 자신감도 생기고 적극적인 태도로 살아갈 수 있다. 이것을 깨닫지 못하는 사람은 비행을 저지르거나 자포자기해 엇나간 길을 걷는다. 혹시 자신이 이런 삶을 산다면 주위를 한번 둘러보자. 자신을 소중하게 여기고 안타까워하는 사람이 반드시 있다.

초등학교 때 담임선생님이 그랬다. 선생님은 엄한 의붓어머니 때문에 집에 가기 싫어하던 나를 안쓰럽게 여겼다. 수업이 끝나면 항상 "아오키, 선생님이 오르간 가르쳐줄까?"라며 함께 동요를 부르셨다. 그때 부른 노래는 지금도 내 휴대전화 벨소리로 저장되어 있다.

사회인이 되고 나서 브리태니커 입사했을 때는 상사가 그랬다. 입사 당시, 나는 잘려도 할 말이 없을 정도로 실적이 엉망이었다. 그러나 상사는 계속해서 나를 믿었고, 그 믿음이 '할 수 있다'는 자신감을 심어주었다.

나는 날마다 감사하는 마음을 가지기 위해 노력한다. 또한 우리 회사를 선택한 직원들이 행복하길 바란다. 나를 반려자로 선택한 아내의 기대에도 부응하고 싶다. 아이들을 책임감 있게 키우고 싶다는 욕심도 있다. 또한 장인어른과 장모님이 '사위 같은 사람을 만나 결혼하다니 우리 딸은 참 복 받았어!'

라고 안심하셨으면 좋겠다.

물론 나도 이기적으로 행동할 때가 있고, 그릇된 선택을 할 때도 있다. 영업 좀 한다고 거들먹거리며 세운 회사는 망했고, 집세가 밀려서 집주인이 나가라고 고함친 적도 있다. 친구에게 꾼 돈을 못 갚아 사기꾼이라는 말도 들었다. 브리태니커에 입사해서는 조금 잘나간다는 이유로 자만심에 빠져 중요한 것을 잃기도 했다. 그래도 주위 사람에게 감사하는 마음만은 잊지 않으려고 애썼다.

사람은 절대로 혼자 살아갈 수 없다. 서로 기대어 용기를 얻고, 도움을 받은 덕분에 지금의 내가 있다.

부모를 공경하고, 친구를 소중히 대하라. 그리고 남을 배려하라. 아마도 마음이 가벼워질 것이다. 신세 진 사람에게 진심으로 보답하고, 다음에는 먼저 베풀어라. 무언가 베풀 때는 보답을 기대하지 말고 '내가 원해서 할 뿐'이라는 달관한 자세가 필요하다.

물론 누구나 베푼 만큼 보답을 받기를 바란다. 하지만 이것은 수준 낮은 계산법이다. '내가 원해서 할 뿐'이라고 생각하라. 언젠가는 내 진심을 깨닫고 나를 좋게 평가하는 사람이 있을 것이다.

감사하는 마음을 행동으로 나타낼 때, 비로소 인생의 목적과 의미가 생긴다. 자신이 맡은 역할을 깨달아 그 일에 집중하라. 이것이 바로 성공의 비결이다.

있는 그대로 받아들이면 더 잘 성장한다

나는 지금까지 강연을 하면서 한 가지 깨달은 것이 있다. '정보를 있는 그대로 받아들이는 사람일수록 더 빨리 성장한다'는 사실이다. 그동안 나는 약 2만 명의 사람들에게 '목표 달성 기술'을 알려주었다.

그런데 '그래! 이렇게 하면 목표를 달성할 수 있어!'라고 생각하고 실천하는 사람이 있는가 하면, '말이 쉽지! 이렇게 해서 다 되면 이 세상에 성공 못 할 사람이 어디 있어?'라고 생각하고 시도조차 하지 않는 사람도 있다.

행동을 해야 성공이든 실패든 할 수 있다. 시작하지 않으면 아무것도 이루지 못한다. 정보를 있는 그대로 받아들이고 실천하는 사람은 목표를 달성할 가능성이 있지만 시도조차 하지 않는 사람은 목표를 달성할 가능성마저 없다. 그렇기 때문에 정보를 있는 그대로 받아들이는 사람이 무섭게 성장하는 것이다.

만약 사람이나 책을 통해 정보를 얻었다면 일단 실천하라. 그렇게 하면 쑥쑥 성장할 수 있다. 이것은 내가 실제로 경험한 사실이다. 1장에서도 말했듯이 나는 책에서 읽은 대로 거울 앞에 서서 스스로에게 암시를 걸었다. 그 결과 최고의 영업 사원이 될 수 있었다. 그뿐만이 아니다. 연봉이 200만 엔이던 시절에는 이러한 암시도 걸었다.

'나는 1,000만 엔을 버는 사람이 된다.'
'나는 1,000만 엔을 버는 사람이 된다.'
'나는 1,000만 엔을 버는 사람이 된다.'

머지않아 나는 연봉 1,000만 엔을 버는 사람이 되었다.

800만 엔이라는 거대한 차이를 자기 암시만으로 순식간에 메운 것이다.

빈 새장을 사서 매일 그것을 들여다보며 '나는 새를 기를 거야'라고 계속 말하다 보면, 실제로 새를 기르는 순간이 온다. 돈이 생겼을 때, '이 돈으로 뭐하지?'라는 생각이 들기도 전에 '새를 길러야겠다'는 생각이 자연스레 들기 때문이다.

할 수 있는 일은 지금 당장 하라

'내가 한 살만 젊었어도….'

'그때로 돌아가면 잘할 수 있을 것 같은데….'

주위를 둘러보면, 지나간 시간을 두고 후회하는 사람들이 참 많다. 하지만 후회하는 동안에도 시간은 흐른다는 사실을 명심해야 한다. 시간은 내 마음대로 쌓아두거나 따로 모아둘 수 없다. 따라서 지금 이 순간에 최선을 다하는 것이 정말 중요하다.

내 멋대로 붙잡아둘 수 없기 때문에 시간은 돈이자 가치이며, 목숨과도 같다. 시간을 허투루 쓰면 모래시계에서 떨어지는 모래알처럼 돈과 가치, 목숨은 계속해서 줄어들 수밖에 없다.

어느 누구도 시간이 흐르는 것을 막을 수는 없다. 하지만 지금 이 시간 동안 어떤 일을 할 것인지는 선택할 수 있다. 좋은 정보를 선별하고 선택한 다음 그것을 당장 실행에 옮겨라. 자신감을 키우고 성공하는 데 도움이 될 것이다.

대부분의 사람들은 생각한 것을 당장 실행으로 옮기는 것에 서툴다. '조금만 있다가 하자', '꼭 지금 해야 할 필요가 있을까?'라고 생각하며 실행을 잠시 미룬다. 성공에 대한 노력도 마찬가지다. 성공을 위해 일찍부터 차근차근 준비하는 사람들도 있지만, 대다수의 사람들은 취직을 하고 결혼을 한 후에야 '이제 가정을 책임지려면 성공해야 해!'라고 생각한다.

하지만 닥치고 나서 시작하면, 상황 수습에 급급한 나머지 제대로 된 과정을 밟기 어렵다. 따라서 어떤 일이든 빨리 시작하는 것이 좋다.

내가 다니던 브리태니커에서는 매년 여름, 세일즈 콘테스트를 열었다. 대다수의 영업 사원들은 대회가 코앞에 닥쳐서야 비로소 대회 준비를 시작했다. 하지만 나는 한 달 먼저 대회 준비를 했고, 덕분에 그들보다 앞서나갈 수 있었다. 그들이 계약을 따내기 위해 고군분투할 때 이미 나는 성사된 계약이 여러 건 있었기 때문이다. 마치 100미터 달리기를 하는데 나 혼자 50미터 앞에서 달리는 느낌이었다.

인생도 마찬가지다. 남들하고 같이 출발할 필요 없다. 가능하면 남들보다 먼저 출발하라. 이 순간에도 시간은 흐르고, 지나간 시간은 절대 되돌릴 수 없다.

《실패에서 성공으로》의 저자 프랭크 베트거는

훌륭한 야구 선수에서 보험 세일즈맨으로 재

도약한 사람이다. 야구와 보험이라는 서로 다

른 분야에서 모두 성공을 거머쥔 그의 성공 비법은 무엇일까?

야구 선수 시절 프랭크는 '열정'이 별로 없었다. 건성건성 경기를

치르다 보니 당연히 감독의 눈 밖에 날 수밖에 없었다. 팀에서 방

출된 그는 턱없이 낮은 연봉으로 다른 팀과 계약을 맺었다. 몰락

한 자신의 인생을 원망하는 나날을 보내던 중, 그는 한때 이름을

날렸던 선배를 우연히 만났다. 자신의 처지를 비관하는 프랭크를

보고 선배가 조언했다.

"너는 기본 실력은 있는 것 같은데, 야구 하는 것을 보면 열정이

전혀 안 느껴져! 정말 야구를 좋아하긴 하는 거야? 열정이 없으면

야구는 물론이고 인생에서도 성공할 수 없어!"

프랭크는 깜짝 놀랐다. 선배의 말처럼 열정이 별로 없다는 사실을

스스로도 잘 알고 있었기 때문이다. 그는 경기 중에 열과 성을 다

해 뛰어다닌 적이 단 한 번도 없었다. 하지만 문제점을 지극히 잘 알고 있어도, 없는 열정을 돈 주고 살 수도 없는 노릇이었다.

"열정적인 사람들을 잘 관찰해봐. 그리고 그 사람이 하는 대로 흉내 내는 거야!"

선배의 말을 듣고, 프랭크는 열정적인 사람이 공통적으로 하는 행동 패턴을 관찰했다. 분야에 상관없이 열정적인 사람은 해야 할 일에 열과 성을 다해 매달렸다. 프랭크는 '이제부터 출전하면, 열정적인 사람처럼 행동해야지!'라고 굳게 결심했다.

머지않아 프랭크에게 출전 기회가 찾아왔다. 그는 결심한 대로 열정적인 사람처럼 방망이를 휘두르고 정신없이 달렸다. 그날 경기에서 프랭크는 여러 번 안타를 쳐냈다.

다음 날 프랭크의 인생은 180도 달라졌다. 사람들은 드디어 프랭크라는 야구 선수에 주목하기 시작했다. '열정적인 선수'라는 수식어도 붙었다. 시간이 지나자, 그는 예전의 열정 없던 모습은 떠올릴 수 없을 정도로 진짜 열정이 넘치는 선수가 되었다.

프랭크는 야구계에서 은퇴하고, 다른 세계에 도전장을 내밀었다. 치열함에 있어서는 따라올 곳 없다는 보험 업계였다. 야심차게 시작했지만, 보험은 야구와 차원이 다른 세계였다. 처음 보는 사람들에게 다가가야 했고, 매몰차게 대하는 사람들을 견뎌야 했다. 정말 쉽지 않은 일이었다.

계약을 따내지 못하는 나날이 계속되자, 프랭크는 무기력해지고 좌절 속에서 좀처럼 빠져나오기 힘들었다. 그러던 중, 문득 열정적인 야구 선수로 주목받던 지난날이 떠올랐다.

'맞아! 열정적인 척해서 열정적인 선수가 됐듯이, 뛰어난 세일즈맨처럼 행동하면 그렇게 될 수 있을 거야!'

다음 날부터 당장 행동에 옮겼다. 뛰어난 보험 세일즈맨처럼 행동한 것이다. 결과는 적중했다. 그는 보험 업계에서도 최고의 위치에 우뚝 설 수 있었다.

자신감 넘치는 삶을 살고 싶은가?

그렇다면 자신감 넘치는 사람처럼 행동하라!

성공하고 싶은가? 그렇다면 성공한 사람처럼 행동하라!

Part. 3   상황을 돌파할 행동력을 발휘하라

작은 성공을 거듭해 자신감을 쌓아라

내 생각대로 모든 게 이루어진다면 얼마나 신이 날까? '해보자'고 마음먹은 일을 혼자 힘으로 이루어냈을 때, 예전에는 못 하던 일을 연습을 통해 할 수 있게 됐을 때, 사람들은 자신감을 갖는다.

이처럼 어떤 일을 달성한 경험은 자신감을 쌓는 데 큰 영향을 준다. 어떤 일을 달성하면, 처음에는 작은 자신감이 생긴다. 즉 '이 정도는 할 수 있겠구나!'라는 생각이 든다. 이것이 반복되면 마음속에 평생 꺾이지 않는 강한 자신감이 자리 잡는다. 어떤 힘든 일이 닥쳐도 '그래! 누가 뭐래도 나는 할 수 있어!'라는 생각이 드는 것이다.

자신감을 키우기 위해서는 평소 생활 습관이 중요하다. 하루하루 목표를 세우고 이것을 달성하기 위해 구체적인 행동 계획을 세워라. 목표를 이룬 만큼 자신감이 생길 것이다. 반대로 계획과 현실의 괴리가 크면 자신감이 떨어질 수 있다. 그러므로 처음에는 이루기 쉬운 목표부터 세우는 게 좋다.

'매일 아침 일찍 일어나기', '매달 두 권의 책 읽기', '다이어트를 위해 매일 공원을 한 바퀴씩 돌기', '매달 정해진 액수 저금하기' 등 조금만 노력하면 이룰 수 있는 목표를 세워라. 목표를 달성한 후에는 조금 더 어려운 목표를 세워 노력하면 된다.

목표를 달성했을 때는 그 과정을 살펴라. 지난 일주일을 되돌아보고 얼마나 성취했는지 점검하는 것이다. 자신이 정한 목표대로 달성하면 자신감이 생길 것이다. 원하는 결과를 얻지 못했다고 실망하지 마라. 이것 또한 소중한 경험이다. 이 경험을 통해 얻은 것을 다음 경험에서 살리면 된다.

쉽게 들어오면 쉽게 잃는다. 자신감도 마찬가지로 쉽게 얻으면 금세 꺾이고 만다. 작은 성공을 여러 번 경험하여 강한 자신감을 쌓으면 쉽게 꺾이지 않는다. 손에 넣기까지 오랜 시간이 걸리더라도 튼튼한 자신감이 생기는 것이다.

자기 이미지를 높이는 20가지 아이디어

자신감을 쌓고 자기 이미지를 높이는 방법에는 어떤 것들이 있을까? 일상생활 속에서 쉽게 실천할 수 있는 20가지 아이디어를 소개한다.

- 단정한 모습을 유지하라.
- 명품을 하나쯤 갖는 것도 좋다.
- 항상 몸을 청결히 해라.
- 늘 웃는 모습으로 칭찬하는 습관을 들여라.
- 주위 사람을 배려하고, 감사하는 마음을 잊지 마라.
- 함께 어울려 다니는 사람을 신중하게 골라라.
- 자신의 장점을 기록하라.
- 과거에 성공했던 경험을 기록하라.

- 나쁜 영향을 주는 영화나 책을 피해라. 보고 나서 부정적인 생각이 들 것 같으면 근처에 가지도 마라.
- 성공한 사람의 체험담을 듣거나 자서전을 읽어라.
- 공헌하는 인생을 살아라.
- 눈을 바라보고 대화하라.
- 스스로에게 솔직해져라.
- 매일 긍정적인 자기 암시를 하라.
- 무슨 일이든 궁극적인 목적을 염두에 두어라.
- 정리정돈을 철저히 하라.
- 자신과의 약속을 지켜라.
- 성공한 사람과 어울려라. 그들에게는 성공한 이유가 있다. 그것을 배워라.
- 자기계발 강연을 들어라.
- 인생의 의미와 목적을 잃지 마라.

이외에도 하고 싶은 일을 써보고 가능한 것부터 실천해라. 하고 싶은 일을 혼자 힘으로 실천하는 것은 자신감을 쌓는 데 굉장히 중요하다. 이 사실을 절대 잊어서는 안 된다.

누구나 할 수 있는 일이라면 누구보다 열심히 하라

'특별한 일'을 하겠다고 벼르기만 하다가 결국 손에 아무 것도 넣지 못하는 사람들이 종종 있다. 이들은 '더 괜찮은 일 없나?'라는 생각에 팔짱만 낀 채 지금 해야 할 일을 소홀히 한다.

특별한 일을 찾는다고 시간을 허투루 날리지 말고, 당연히 해야 할 일을 누구에게도 지지 않을 만큼 열심히 해라. 누구 나 할 수 있을 정도로 쉬운 일이라도 열정을 다해 매달려라. 이렇게 하지 않으면서, 지금보다 더 나아질 수 있다는 기대 는 하지 마라.

얼마 전, 호시노 리조트의 대표이사 호시노 요시하루를 만 났다. 그는 '에코 리조트의 권위자'로 불릴 만큼 자연 경관과 잘 어우러진 리조트를 건설하는 데 일가견이 있다. 지금은 호 시노 리조트의 경영자 역할 외에도 경영난에 허덕이는 온천 여관과 대형 리조트 시설을 재건하는 활동도 한다.

호시노가 이렇게 성공한 것은 나름의 특별한 방법이 있었기 때문일 거라고 사람들은 생각한다. 하지만 그가 한 일은 남들보다 뛰어나거나 특별한 일이 절대 아니었다. 전부 '당연하다'는 생각이 드는 일이었다.

예를 들어, 레스토랑 경영자라면 당연히 '조리실에는 경험 많은 요리사가 필요하다'는 생각을 한다. 호시노는 '경험 많은 요리사'를 주부들 사이에서 찾았다. 요리 경험이 많은 주부 중에는 실력이 뛰어난 사람이 많을 것이라고 생각했기 때문이다. 그래서 보수가 높은 전문 요리사는 한 명만 고용하고, 나머지는 요리 경험이 많은 주부를 적극적으로 고용했다. 덕분에 기대 이상의 성과를 거둘 수 있었다. 요리 수준을 보장하면서, 경비를 대폭 줄일 수 있었다.

이것 말고도 호시노가 적용한 방법들은 누구나 들으면 '당연한 거 아냐?'라고 생각될 정도로 알 만한 것들뿐이었다. 하지만 당연한 사실을 실제로 적용하기는 좀처럼 쉽지 않다. 대부분의 사람들은 특별한 일에만 관심을 쏟기 때문이다.

아메리카 대륙을 발견한 '콜럼버스의 달걀 이야기'도 같은 맥락이다. 콜럼버스는 달걀의 끝부분을 깨뜨려 달걀을 세웠다. '끝부분을 깨뜨렸는데 당연히 달걀을 세울 수 있는 거 아냐?'라고 사람들은 생각한다. 하지만 이처럼 당연한 일을 실천하는 사람은 몇이나 될까?

'누구나 쉽게 할 수 있는 당연한 일이라도, 누구보다 열심히 한다'는 생각이 밑바탕에 깔려 있어야 한다. 그렇게 해야 호시노나 콜럼버스처럼 성공을 거둘 수 있다.

보험왕이라 불리는 토니 고든은 학창 시절 내내 성적이 바닥을 기던 열등생이었다. 그러나 보험 영업 사원이 되고 나서는 '초특급'이라는 말이 붙을 정도로 우등생으로 거듭났다.

보험 설계사 중에서 상위 6퍼센트만이 '백만 불 원탁회의'라 불리는 MDRT에 가입할 수 있다. 이 중에서도 최고 등급인 TOT(Top of the Table)에 가입하려면 MDRT 회원이 내는 실적의 6배를 달성해야 한다. 토니 고든은 TOT에 30년 동안이나 있었고, 회장까지 역임했다. 어떻게 성공할 수 있었을까? 그는 《보험왕 토니 고든의 세일즈 노트》에서 이런 말을 했다.

이 업계에는 보통이 넘는 비범한 사람은 없다. 천재를 꿈꾸고, 천재적인 업적을 향해 자신을 조절할 수 있는 보통 사람들만이 있다.

누구나 쉽게 할 수 있는 일에 몰두하면, 성공을 거머쥘 수 있다. 이것이 바로 자신감을 키우는 요령이자 성공 비결이다. 어떤 일부터 시작해야 할지 모르겠다면, 좋아하는 일을 먼저 시작해라.

나 같은 경우에는 영업을 참 좋아했다. 영업 현장은 성공 경험을 쌓는 최고의 수련장이라고 생각했기 때문이다. 좋아하는 일을 직업으로 삼을 수 있어서 얼마나 감사했는지 모른다. 만약 누군가가 "다시 한 번 영업 사원으로 돌아가라면 그렇게 하겠는가?"라고 질문한다면 망설임 없이 "그렇다"고 대답할 수 있다. 그리고 "세계 최고의 영업 사원이 될 것이다. 아침부터 밤까지 쉬지 않고 팔아치우겠다"는 말도 덧붙일 것이다.

나는 '영업의 천재'라고 불리고 싶을 만큼 영업이 정말 좋았다. 왜냐하면 영업 말고는 자신 있는 일이 없었기 때문이다. '내게는 물건 파는 능력 말고는 아무것도 없다. 영업도 못 하게 된다면 정말 끝이다'라고 생각하면서 죽자 사자 일에 매달렸다.

누구나 하고 싶은 일, 흥미 있는 일, 좋아하는 일이 하나쯤은 있다. 그것을 찾아내고 '이 일에 있어서만큼은 누구에게도 지지 않겠다'는 각오로 임해라. 그러다 보면 어느 순간 기적이 일어난다. 지금 당장 하고 싶은 일이 하나도 떠오르지 않는다면 그저 '인사'라도 열심히 해라. 인사성 밝은 직원이 있는 기업은 언제 방문해도 기분이 좋다. 쉽고 당연한 일 같지만, 실제로는 인사에 큰 비중을 두지 않는 기업이 생각 외로 많다. 하고 싶은 일을 찾을 때까지 적극적으로 인사해라. 자연스레 주위 사람에게 좋은 평가를 받을 것이다. 이것은 자기 이미지를 높여주고, 자신감을 키워준다.

작은 일을 중요하게 여겨라!

인사처럼 겉보기에 사소하고 작은 것으로 여겨지는 일도 열심히 하는 습관을 들이면 성공에 한 발자국 다가갈 수 있다.

자신만의 성공 패턴을 찾아라

과거의 실패가 마음속에 크게 자리 잡고 있어서, 좀처럼 새로 시작하기 어려울 때가 있다. 이럴 때는 나만의 '성공 패턴'을 만들어야 한다. 목표를 달성했을 때의 과정을 패턴화하여 꾸준히 반복하면, 습관처럼 성공 패턴이 몸에 밴다. 이런 상태에 이르면 '나는 반드시 성공할 수 있어!'라는 생각이 절로 든다. 자신감이 높아지는 것이다.

전 프로 야구 선수이자 야구 해설자, 사사키 신야는 강연에서 이런 이야기를 했다.

가와카미 데쓰하루 감독이 요미우리 자이언츠를 맡고 있던 시절의 일이다. 당시 간판 투수였던 호리우치 쓰네오 선수는 개인적으로 멘털 코치를 둘 정도로 열의가 대단했다고 한다.

코치가 호리우치 선수에게 지시한 내용은 간단했다. '매일 같은 시간에 운동장을 달려라'라는 것이었다. 이것은 절대 힘든 훈련이 아니었다. 조깅하는 느낌으로 가볍게 운동장을 두 바퀴 돈 다음 코치와 함께 걸으며 대화하는 게 전부였다. 호리우치 선수는 몇 년 동안 이 일을 계속했고, 요미우리 자이언츠는 일본 시리즈에서 9년 연속으로 우승할 수 있었다. 그 후 호리우치 선수는 요미우리 자이언트의 감독으로 취임했다.

겉보기에는 멘털 코치가 호리우치 선수에게 해준 게 별로 없어 보인다. 하지만 사실 코치의 존재는 호리우치 선수에게 자신감을 심어주었다. 호리우치 선수는 '나는 개인적으로 코치까지 둘 정도로 열심히 노력하고 있다. 이렇게 노력하는데, 당연히 내 실력은 향상될 수밖에 없다. 내가 던지는 공을 칠 수 있는 사람은 아무도 없다. 나는 절대로 지지 않는다'는 생각을 할 수 있었던 것이다.

어떤 일을 꾸준히 하면 '자신감'이 절로 붙는다. 성공하고 싶다면 '매일 아침, 일찍 일어나기'부터 시작해라. 이것은 성공 패턴을 몸에 익히게 하는 최고의 방법이다. 또한 '일찍 일어나기'라는 목표를 반복해서 달성하다 보면 자연스레 자신감이 생긴다. 이때 얻은 자신감은 다른 일에도 긍정적인 영향을 줄 수 있다.

나는 밤 10시가 넘은 시간에도 계약을 세 건 넘게 딴 적이 몇 번이나 있다. '이번 주에는 실적을 이만큼 낼 거야!'라고 다짐했는데, 실제로 목표와 실적이 맞아떨어진 적도 있다.

이것은 '일찍 일어나기'에서 얻은 자신감, '최고 영업 사원'이 돼서 얻은 자신감, '최고 영업 관리자'가 돼서 얻은 자신감 덕분이다. 이처럼 크고 작은 성공은 모두 자신감으로 이어진다.

나는 지금도 성공의 경험을 뚜렷하게 기억한다. 내 열망이 이루어진 순간에 맛보는 감동은 평생 잊을 수 없다. 이러한 감동과 비례하여 자신감은 쌓이고, 마침내 성공적인 미래를 뒷받침해준다.

일찍 일어나는 습관이 자신감을 만든다

자신과의 약속을 지켰을 때, 자신감은 샘솟는다. 그런 점에서 '아침 일찍 일어나기'는 자신감을 키우는 데 가장 적합한 방법이다. 물론 직업상의 특징이나 개인적인 사정으로 아침에 일찍 일어날 수 없는 경우는 예외다. 그럴 경우에는 일찍 일어나는 것 말고 다른 목표를 세우는 게 좋다.

나는 매일 아침 5시에 일어나 침대 위에서 가볍게 몸을 푼다. 세수하고 옷을 갈아입은 뒤 가족과 아침을 먹는다. 아들을 역까지 바래다준 다음 나만의 비밀 카페에 가서, 늘 앉는 자리에 앉아 계획을 세운다.

계획을 세울 때는 인생의 목표에서 출발한다. 머릿속에 인생의 목적과 목표를 그린 다음 단기, 중기, 장기 목표로 나누어 순서대로 살핀다. 끝으로 오늘 할 일을 점검한다.

나는 항상 매출, 순이익, 직원 수 등 회사의 목표를 염두에 둔다. 어떻게 하면 목표를 확실히 달성할 수 있는지 구체적인 부분까지 생각한다. '어떻게 하면 멋진 사람이 될까?'와 같은 생각은 하지 않는다. 굳이 생각하지 않아도 목표대로 살다 보면 저절로 그렇게 되기 때문이다.

'정상으로 가는 길'의 기초인 선택 이론 심리학을 많은 사람들에게 알리고, 박해와 차별이 없는 사회를 만들고 싶다. 그러기 위해서는 가치 있는 상품과 서비스를 제공해야 한다.

이것은 내 인생의 목표로, 살아가는 원동력이 되고 있다. 인생의 목표는 가능한 한 사회적으로 의미 있는 것으로 세워라. 그럴수록 달성하고 싶은 마음이 커진다. 하루 빨리 달성하고 싶은 마음에 하루하루가 아깝게 느껴질 것이다. 그러면 당연히 하루를 알차게 보낼 수 있도록 '오늘의 목표'를 세우게 된다. 예를 들어 영업 사원의 경우, 다음과 같은 목표를 세울 수 있다.

① 오늘, 몇 명과 약속을 잡을 것인가?
② 오늘, 몇 명과 만날 것인가?

③ 오늘, 누구에게 어떤 프레젠테이션을 할 것인가?

④ 오늘, 몇 건의 주문을 딸 것인가?

⑤ 오늘, 몇 명의 잠재 고객을 발굴할 것인가?

'아침 일찍 일어나기' 하나로 많은 것을 얻을 수 있다. 자신과의 약속을 지켰으므로 자신감을 얻을 수 있고, 성공 패턴을 익힐 수 있다. 하루 목표를 세우고, 인생의 목표를 재점검할 수도 있다.

오늘의 목표를 세울 때는 '좋다', '싫다'가 아니라 '인생의 목표를 이루기 위해 해야 할 일인가, 아닌가?'를 기준으로 삼아라. 인생의 목표는 삶의 원동력이기 때문에 아무리 하기 싫은 일이라도 목표를 이루기 위해 힘을 낼 수 있다.

'오늘의 목표'는 다음의 다섯 가지로 나눌 수 있다. 뒤로 갈수록 우선순위가 낮아진다.

① 반드시 할 일

② 할 일

③ 하면 좋은 일

④ 다른 사람에게 부탁할 수 있는 일

⑤ 쓸데없는 일

우선순위는 '목적과 목표'를 기준으로 정해라. 정한 다음에는 우선순위가 높은 항목부터 달성해라. 다시 한 번 말하지만 '호불호'가 아니라 꼭 '할 일인가 아닌가?'를 기준으로 판단해라. 그리고 하루를 마무리할 때는 다음과 같이 엄격하게 따져봐야 한다.

① 잘한 일은 무엇인가?

② 더 잘할 방법은 없었는가?

스스로 질문을 던져 반성하고, 다음 날 배운 점을 적용해라.

나는 '오늘 하루도 '반드시 할 일'은 확실하게 해냈어. 그런데 '할 일' 중에 그 건은 시간이 부족해서 못 했군'과 같이 시간 순서대로 하루를 되돌아본다. 이때 잘한 일에 대해서는 별로 생각하지 않는다. 굳이 애쓰지 않아도 저절로 떠오르기 때문이다. 또한 '이것도 못 하다니. 역시 나는 쓸모없는 인간이야'라고 비관하지도 않는다. 오늘 하루를 알차게 보내기 위해 후회 없이 노력했다면 그것만으로 충분하다.

나는 회사 직원 모두에게 행동 보고서를 쓰게 한다. 일기 같은 보고서인데, 감정적인 부분은 제외하고 오로지 행동만 기록한다. 하루의 행동을 확인하고, 목적과 목표를 달성하기 위해 얼마나 충실하게 노력했는지 보기 위해서다. 그래서 나는 행동 보고서에는 무척 깐깐하다. 하루를 되돌아보고 미래에 그 경험을 적용하는 것은 자신감을 키우고 성공하는 데 가장 중요하기 때문이다.

하루를 평생처럼 살아라!

목적과 목표를 달성하기 위해 매일 노력하다 보면, 후회 없이 살 수 있다. 그러다 보면 길은 열리게 되어 있다.

딱 하루만 자신감 있게 살아보아라

- 회사에 대한 자신감
- 직업에 대한 자신감
- 상품에 대한 자신감
- 스스로에 대한 자신감

오늘 하루 동안 이 네 가지 자신감만 끝까지 유지했다면 크게 성공한 셈이다. 오늘 해냈다면 내일도 해낼 수 있다. 이 과정을 반복하면 조그만 자신감이 차곡차곡 쌓여 강한 자신감으로 이어진다. 물론 업무 실적에도 효과가 나타난다.

브리태니커에서는 실적에 따라 일주일에 한 번 급료를 받았다. 그야말로 하루하루가 치열한 전쟁터였다. 언제 잘릴지 알 수 없었고, 살아남으려면 철저한 자기 관리가 필요했다.

나는 영업 관리자 시절, 부하 직원들에게 성공 철학을 가르치는 것으로 하루를 시작했다. 아침 7시부터 두세 시간 정도 일의 의미와 인생의 목적에 관해 이야기했다.

- 무엇을 위해, 누구를 위해 실적을 쌓는가?
- 우리는 도대체 무엇을 위해서 사는가?

적어도 일주일에 세 번은 부하 직원들에게 이야기를 들려주는 시간을 가졌다. 이야기가 끝나면 각자 하루 계획을 세우거나 자료를 정리하고, 마지막으로 결의 표명을 하고 나서 외근을 나갔다. 부하 직원들이 밖에 나가도 관리자의 역할을 멈추지 않았다. 하루에도 여러 차례 보고를 받았다. 당시에는 휴대 전화가 없었기 때문에 공중전화로 연락을 받았다. 이때 계약을 따지 못해 자신감을 잃은 부하 직원에게는 일과 인생의 의미를 되새겨보게 해 자신감을 심어주었다.

주위를 둘러보라. 자신감을 북돋우는 상사가 있는가? 만약 그런 사람이 없다면 자기 인생의 성공 시나리오를 녹음해서 매일 아침 들어라. 직접 읽는 것도 좋다.

- 나는 ○○까지 ○○을 달성한다.
- 나는 연봉 ○○을 버는 사람이 된다.

• 나는 최고의 영업 사원이 된다.

이렇게 선언한 다음 오늘 하루 어떻게 보낼지 마음속에 그림을 그려라. 그리고 딱 하루만 자신감을 유지한다는 기분으로 최선을 다해라.

암시의 힘으로 사고방식을 바꿔라

자기 암시는 자신감을 유지하고 매일 긍정적인 생각을 할 수 있게 도와준다. '나는 할 수 있다', '나는 가치 있는 사람이다', '나는 성공한다'라고 자기 암시를 하다 보면, 내적 언어(겉으로 드러나지 않은 머릿속의 말)가 되어 긍정적인 사고방식을 가질 수 있다.

앞에서도 여러 번 말했지만, 나는 자기 암시를 한 덕분에 최고의 실적을 자랑하는 영업 사원이 되었다. '최고의 영업 사원이 될 수 있어!'라는 믿음이 실제로 이루어진 것이다.

나는 지금도 자기 암시의 효과를 톡톡히 보고 있다. 해내고 싶은 일이 있거나 순간적으로 위축될 때, 자기 암시로 내 마음을 다스리는 것이다.

내 자동차는 '달리는 세미나 교실'이나 다름없다. 출퇴근할 때 차 안에서 자기 암시 CD나 메시지가 강한 음악을 듣는다. 나는 일본의 나가부치 쓰요시의 노래를 자주 듣는다. '포기하지 마. 포기하지 마. 죽지 말고 살아'라는 가사 부분에서는 감동을 받아 눈물을 흘리기도 한다. 마치 "나는 가치 있는 사람이야!"라고 속 시원하게 소리치는 기분이다. 이처럼 자기 암시는 자신감과 용기를 불어넣어 준다.

다음은 자신감을 북돋우는 자기 암시의 예다. 내용은 자기 상황에 맞게 고쳐도 무방하다. 하루에 한 번 이상 읽고 자신감으로 무장하라!

하나,
- 나는 어떤 상황에서도 주어진 일을 반드시 해낸다.
- 나는 부끄럽지 않은 인생을 산다.
- 내가 노력한 만큼 수입이 늘어난다.

- 나는 성공한 사람처럼 생각하고 행동한다.

- 나는 성공을 위해 이 세상에 태어났다.

- 나는 행복할 권리가 있다.

- 나는 꿈을 이루고, 사회에 공헌하는 인생을 살 것이다.

  둘,

- 나는 가치 있는 사람이다.

- 나는 지혜가 샘솟는 사람이다.

- 나에게는 무한한 가능성이 있다.

- 나는 우주에 딱 하나뿐인 없어서는 안 될 존재이며,

  내 안에는 우주의 폭발적인 에너지가 숨어 있다.

- 나는 성공을 위해 필요한 조건을 모두 갖추었다.

- 나는 나를 사랑한다.

  마지막으로,

- 나는 눈 감는 순간 '잘했어!'라고 스스로를 칭찬할 수 있는

  인생을 살 것이다.

3일, 3주, 3개월을 기준으로 생각하라

　사람들은 새해가 되면 원대한 목표를 세운다. 금연을 선포하기도 하고, 다이어트를 다짐하기도 한다. 하지만 작심삼일이라고 했던가? 대부분의 다짐은 3일도 채 못 가서 무너지고 만다. '이제 더 이상 담배를 피우지 않겠어!', '앞으로는 조금만 먹고 살을 빼야지!'라고 기약 없는 목표를 세우지 마라. 그 대신 '딱 3일만 해보자!'라고 다짐해라.

　나는 3이라는 숫자를 무척 중요하게 생각한다. 3일 동안 다짐한 일을 해냈다면 3주도 할 수 있다. 3주 동안 해내면 3개월도 할 수 있다. 이처럼 기간을 조금씩 늘려가며 목표를 달성해라.

　경험상 3개월 이상 같은 일을 지속하기는 어렵다. 3개월을 넘기면 다시 처음으로 돌아가라. 다시 계획을 세우고 3일, 3주, 3개월 동안 실천하는 것이다. 나는 20년 가까이 강연을 하면서 이것이 최적의 주기라는 결론에 도달했고, '3·3·3 자기계발 프로그램'이라고 이름 붙였다.

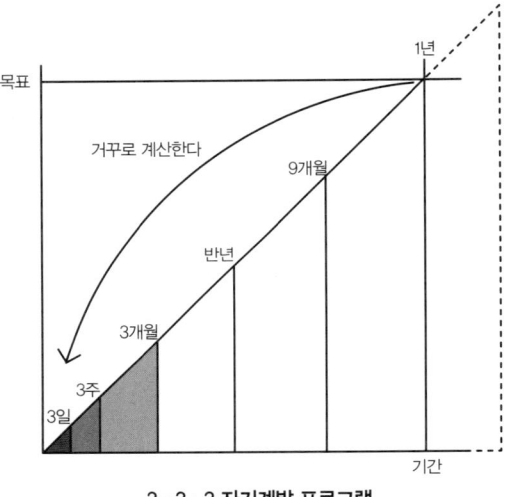

3·3·3 자기계발 프로그램

　그래프처럼 커다란 직각 삼각형을 하나 그려라. 기간은 1년으로 설정하고, 3개월씩 나누어 큰 삼각형 안에 작은 삼각형 4개를 그려 넣어라. 작은 삼각형 안에는 다시 3일, 3주, 3개월로 나누어 더 작은 삼각형을 그려 넣을 수 있다.

　그림을 보면 알 수 있듯이 작은 삼각형을 채우지 못하면, 커다란 삼각형은 완성할 수 없다. 이 삼각형의 면적은 목표 달성 정도와 자신감의 크기를 나타낸다.

해내고 싶은 일이 있다면, 삼각형 그래프를 통해 삼각형을 채워나가라. 그리고 커다란 삼각형을 완성했을 때의 뿌듯함을 마음껏 만끽해라.

나는 초등학교 때부터 신문 배달을 했다. 새벽에 일어나 신문을 배달하고 학교에 갔는데, 더 자고 싶은 마음에 무척이나 괴로웠다. 하지만 돌이켜보면, 스스로 컨트롤하는 방법을 알게 된 소중한 시간이었다.

새벽에 나를 깨워주는 사람은 없었다. 온전히 내 의지만으로 일어났다. 그 덕분에 나는 자기 신뢰감을 얻을 수 있었다. 배달 시간에 늦으면 일자리를 잃을지도 모른다는 위기감에 '절대로 지각하면 안 된다'는 생각이 자연스레 자리 잡았다. 지각하지 않고 배달 일을 훌륭히 해내는 날이 반복되자 자신감이 생겼다.

만약 내 의지가 아니라 누가 시켜서 한 일이라면 이만큼 자신감을 쌓지 못했을 것이다. 남이 시켜서 한 일에는 큰 성취감을 맛보기 어렵다. 또한 혹시 실패했을 경우에는 의기소침해지기 쉽다. 따라서 어떤 일을 할 때는 자기 의지대로 목표를 세우고 판단하는 게 좋다. 그렇게 하면 자신감을 쌓을 수 있다.

좋은 상태를 유지하는 흐름을 찾아라

'Simple is Best'라는 말이 있다. 단순한 것만큼 좋은 것은 없다는 뜻이다. 인생의 목적과 목표를 이루기 위한 방법도 간단하고 단순한 게 좋다.

매일 아침 7시, 나만의 비밀 카페에 간다. 늘 같은 자리에 앉아 인생의 목적과 목표를 확인한다.

이처럼 나는 아침 시간을 규칙적으로 보낸다. 그렇게 하면 복잡한 생각을 하지 않아도 되기 때문에 최적의 상태로 하루를 시작할 수 있다. 아침 시간뿐 아니라 회의를 할 때도 일정한 규칙을 갖고 있다. 회의에서 서론은 필요 없다. 그래서 자리에 앉자마자 "오늘의 안건은 뭔가?"라고 본론부터 시작한다. 이렇게 하면 짧은 시간 안에 효율적으로 회의를 할 수 있다.

일상생활 속에서 자신만의 규칙을 만들어라. 이것은 머릿속을 단순하게 만들어 늘 좋은 컨디션을 유지할 수 있게 돕는다. 궁극적으로는 내가 이루고자 하는 목적과 목표에서 벗어나지 않도록 잡아준다.

사람은 누구나 약하다. 강해 보여도 한 꺼풀만 벗기면 모두 겁쟁이다. 자신만의 규칙을 만들어 일상을 보내다 보면 나약함에서 벗어나 자신을 지킬 수 있다.

좋은 컨디션은 기분을 좋게 한다. 컨디션이 나쁠 때는 마음이 답답해지지만, 컨디션이 좋을 때는 왠지 모르게 흥분되고 좋은 일이 생길 것만 같다. 실제로 컨디션이 좋으면 결과도 좋다. 큰 성과를 내는 사람은 대부분 좋은 컨디션을 유지한다.

컨디션은 걷는 속도나 기분을 좌우하기도 한다. 컨디션이 나쁘면, 나도 모르게 천천히 걷게 되고 기분이 축축 처지는 듯한 느낌을 받는다. 이런 날에는 말도 제대로 나오지 않는다. 고객을 방문할 때도 힘없이 초인종을 누르게 된다. 고객이 거절하는 기색을 약간만 보이면, 우물쭈물하며 제대로 대처하지 못한다. 의욕도 없어서 '어쩔 수 없지…' 하고 금방 포기해버린다. 더 심각할 때는 초인종을 누르고 아무 반응이 없으면 '다행이다'라는 생각마저 든다. 불편한 상황을 피하고 싶기 때문이다.

컨디션이 좋은 날은 초인종도 재빨리 누르고, 기쁜 마음으로 고객이 나오기를 기다린다. 이럴 때는 고객이 거절해도 적극적으로 상대할 수 있다. "자료만 드리고 가면 안 될까요?", "이 지역을 도는 날이 정해져 있거든요, 인사만 드리고 가겠습니다"라는 영업 멘트가 저절로 쏟아진다.

자신만의 규칙으로 늘 좋은 컨디션을 유지해라. 그러면 튼튼한 자신감을 쌓을 수 있다.

강한 열망에 집중하면 꾸준히 할 수 있다

'앞으로는 담배를 피우지 않겠어!'라고 강하게 마음먹어도 얼마 못 가 그만두는 경우가 많다. '왜 담배를 끊어야 하는

가?'는 잊어버리고, '담배를 피우지 않는 것'에만 급급해지기 때문이다.

목적을 잃으면 목표를 달성하기 어렵다. 사람들은 '의지력으로 버틸 수 있어!'라고 생각하지만, 사실 의지는 생각보다 금방 꺾인다. 순간적으로 느끼는 쾌감 앞에서 쉽게 무너진다. 따라서 목표를 달성하고 싶다면 꺾이지 않을 근본적인 열망에 초점을 맞추어야 한다.

이때 열망은 강하고 명확할수록 효과적이다. 의지력이 강해지기 때문이다.

목표 달성을 위해서는 긍정적인 동기부여가 필요하다. 금연이 목표인 경우에는 목표 달성도를 담배 개비 수로 나타낼 수 있다.

① 그날 '피운 담배'의 수를 기록한다
② 그날 '참은 담배'의 수를 기록한다

①과 ② 중에서 목표를 달성할 가능성이 높은 쪽은 어느 쪽

일까? 답은 ②번이다. ①의 방법으로 달성도를 나타내면, 담배 한 개비를 피울 때마다 '또 피웠어…'라고 자책하기 쉽다. 저절로 부정적인 생각이 들 수밖에 없다. 하지만 ②의 방법은 한 개비 참을 때마다 '우아, 어제보다 한 개비 더 참았네. 이러다 완전히 끊겠는데?'라며 작은 성취감을 몇 번이고 맛볼 수 있다. 이것은 긍정적인 동기부여가 될 수 있다.

근본적인 열망에 집중하고 긍정적인 동기를 부여하라. 그리고 3·3·3 자기계발 프로그램을 최대한 활용하여 좋은 습관을 들여라.

잘한 것만 기록하는 성장 리스트를 작성하라

성장 리스트를 만들어라. 지금까지 달성한 일을 수첩이나 공책에 적어보는 것이다. 긍정적인 동기부여가 될 것이다. 단, 성장 리스트에는 성공하거나 문제를 극복한 경험, 잘한 일, 긍정적인 체험만 써야 한다.

써보면 알겠지만, 사실 긍정적인 체험만 쓰기란 생각보다 어렵다. 실제로 '안 좋은 기억이나 마음만 먹고 실천하지 못한 일은 잔뜩 생각나는데, 잘한 일은 도통 떠오르지가 않네?'라고 고민하는 사람이 많다.

부정적인 기억만 떠오르는 것은 부정적인 생각에 빠져 있기 때문이다. 성장 리스트를 작성하면서 부정적인 생각을 기억에서 말끔히 지워라. 지금까지와는 전혀 다른 삶을 살 수 있다.

나쁜 기억이 스멀스멀 떠오를 때는 다음과 같이 생각해라.

'이미 다 지나간 일이야. 두 번 다시 같은 실수는 하지 않아. 전부 극복했어!'

현재를 살아라. 과거의 실패 속에서 허둥대지 마라. 과거는 바꿀 수 없다. 단 어려움을 극복하고, 성공한 경험은 옛날 일이라도 빠트리지 말고 적어라. 긍정적인 경험은 긍정적인 감정을 불러온다. 머릿속을 성공한 경험으로 가득 채워라.

성공한 사람에게 배워라

아무리 해도 잘되지 않는 경우가 있다. 이때는 길을 잘못 든 것이다. 지도 없이 초행길을 떠나는 것과 같다. 자기 세계에 틀어박혀 혼자 아무리 발버둥 쳐봤자 자신감은 생기지 않는다. 따라서 성공한 사람에게 배워야 한다.

- 아이를 낳고 키운다.
- 회사를 세워 크게 키우고자 노력한다.

아이를 낳은 적도 없고, 회사를 경영해본 적도 없지만 도전할 수 있는 것은 주위에 성공한 예가 많기 때문이다. 직접 경험하지 않아도 성공한 사람을 보면 '어떻게 해야 할지' 가늠할 수 있다.

주위에 성공한 사람이 있다면 그에게 주목해라. 성공한 사람에게 배우는 것은 성공의 지름길이자, 자신감을 키우는 데 가장 확실한 방법이다.

주위에 성공한 사람이 없다면 전기나 자서전을 읽어라. 책속의 인물들은 모두 녹록하지 않은 상황에서 죽기 살기로 노력한 사람들이다. 이때 가능한 한 자신이 처한 상황과 비슷한 과정을 겪은 인물을 고르는 게 좋다. 사람은 가치관이나 처지가 비슷한 사람에게 더욱 공감하는 경향이 있다.

나는 파나소닉 창업자, 마쓰시타 고노스케의 책을 자주 읽는다. 그의 책에는 현장에서 직접 겪은 경험이 적혀 있어 믿을 수 있다. 하지만 나는 작가가 다른 사람의 삶을 적은 책은 별로 좋아하지 않는다. 거기에는 거짓도 포함되어 있다고 생각한다.

나는 수많은 선구자에게 지혜, 사고방식, 동기부여 등을 배웠다. 그리고 내 것으로 만들려고 노력했다. '그들을 흉내 내자'라는 마음에서 '뛰어넘자!'는 의지로 발전했다.

세상에 잘난 사람은 수없이 많다. 겸허한 자세로 계속 배워나가라.

좋은 지식과 정보로 머리를 채워라

좋은 정보는 인생을 바꾸기도 한다. 정보는 멋진 만남, 책, 자기 암시, 세미나, 교재 등 여러 경로를 통해서 얻을 수 있다.

나는 그동안 수천 권이 넘는 책을 읽었다. 내 인생을 두고 자기계발 그 자체라고 할 수 있을 정도다. 특히 자신감이 필요할 때 나폴레온 힐, 로버트 실러, 윌리엄 글레이저, 브라이언 트레이시의 저서들은 큰 힘이 되었다.

나는 부자가 되고 싶다는 강한 열망을 이루기 위해 배우고 노력했으며, 결과적으로 바라는 바를 끊임없이 실현할 수 있었다. 이것은 모두 좋은 정보와 지식 덕분이다.

사람은 경험하고 이해하여 온전히 자기 것으로 흡수했을 때 비로소 성장한다. 물을 주지 않으면 식물이 자라지 않듯 사람도 지식과 정보를 흡수하지 않으면 성장할 수 없다. 좋은 정보를 접하지 않는 한 성장은 꿈꿀 수 없다.

좋은 정보는 보는 눈을 키워준다. 수준 높은 정보를 접하면 내면에서 더 높은 기준과 열망이 생긴다. 기준이 높고 열망이 강할수록 수준 높은 인생을 보낸다는 사실은 말할 필요도 없다.

인생에 정답은 없다. 자신이 옳다고 생각하는 인생을 선택해 매 순간 온 힘을 다하는 수밖에 없다. 따라서 자신 안의 '기준'만이 인생을 결정하는 중요한 열쇠다. 이 기준은 접하는 정보에 따라 높아지기도 하고 낮아지기도 있다.

사람은 인풋(input)과 아웃풋(output)을 반복하며 성장한다. 정보를 입출력함으로써 생각이 자란다. 따라서 멋진 인생을 보내려면 긍정적인 사고를 출력할 수 있도록 좋은 정보를 입력해야 한다. 사랑, 희망, 감사, 진심, 배려, 용기, 성취 등 긍정적인 에너지로 가득 찬 정보는 인생을 좋은 방향으로 이끌어준다. 반대로 악의, 자기 연민, 죄책감, 공포심과 같은 부정적인 정보는 인생을 암울한 구덩이(가난, 질병, 사랑의 상실)에 빠뜨린다. 또 부정적인 생각은 부정적인 사건을 끌어들이는 경향이 있다. 그래서 나는 좋은 정보와 지식, 멋진 만남을 통해 인생을 끊임없이 좋은 방향으로 이끌려고 노력해왔다.

자신감을 키우기 위해서는 자기계발이 필수다. 태어날 때부터 성공할 것으로 정해진 사람은 아무도 없다. 모두 좋은 정보를 얻고 그것을 활용하여 성공으로 가는 길을 걸었을 뿐이다.

좋은 인맥을 만들어라

하버드 대학의 연구 결과에 따르면, 인생의 성공과 실패는 약 85퍼센트가 본인의 마음가짐에 달려 있다고 한다. 마음가짐은 인간관계에도 영향을 끼친다.

적극적이지 못하면 좋은 인맥을 만들 수 없다. '적극적으로 다가가야지!'라고 마음먹지 않으면, 소극적인 인간관계에 머무를 수밖에 없다.

속마음을 마음껏 터놓을 수 있는 좋은 친구를 만들기는 어렵다. 누구든 상대방을 배려하고 도전 정신이 강한 사람에게 끌린다. 뭐든지 적당히 하고, 대충대충 생각하는 사람에게는 매력을 느끼지 못한다. 성공하고 싶다면 성공하기 위한 마음가짐을 가져야 한다. 성공한 사람은 대부분 인연을 소중히 여긴다.

얼마 전, 가가전자 회장으로 취임한 스카모토 이사오를 만났다. 그는 매출 3,000억 엔을 자랑하는 전자 관련 종합 상사를 손수 일군 사람이다.

내가 "이렇게 큰 기업을 만든 성공의 비결은 대체 무엇입니까?"라고 질문하자, 그는 주저하지 않고 대답했다.

"인연을 소중히 여겼기 때문이지요."

인연을 소중히 생각하는 태도는 중요하다. 그런데 좋은 인맥을 만들려면 어떻게 하는 게 좋을까? 어렵게 생각할 필요 없다. 친해지고 싶은 사람에게 적극적으로 먼저 다가가면 된다. 마음을 담은 선물을 하거나 편지, 또는 전화로 연락하면 상대방의 인상에 깊이 남을 수 있다. 만약 상대방이 '이 사람, 재밌는 사람이네'라고 생각하면 다시 만날 기회가 생긴다.

사람은 살아 있는 자석이다. 매력은 주위 사람들을 자연스레 끌어당긴다. 자신의 사고방식, 태도, 말, 가치관은 인격을 만들고, 인격은 신뢰를 쌓는 데 도움이 된다. 또 신뢰는 가치 있는 성과를 창출한다. 나는 이것을 '인력(引力)의 법칙'

이라고 부른다.

인력이 센 사람이 되려면 일단 자신감이 있어야 한다. 목적과 목표를 가지고 조금씩 성공한 경험을 쌓아라. 그리고 친해지고 싶은 사람이 무엇을 원하는지 알아내어 있는 힘껏 도와라. 만약 상대방의 취미를 알았다면 그것과 관련된 정보를 제공해라. 곤란한 일이 생겼다면 직접 도와주거나 도와줄 수 있는 사람을 소개하는 것도 좋다.

끝으로 인생의 목적과 목표가 있는 성실한 사람과 친밀한 관계를 맺는 게 좋다. 물론 그런 사람들 중에는 얌전하거나 표현이 서툰 사람도 있고, 좀 굼뜬 사람도 있을 것이다. 하지만 잊지 마라. 성실한 사람은 반드시 내 인생에 긍정적인 영향을 끼친다.

목적과 목표를 되새겨 유혹을 이겨라

우리는 살면서 크고 작은 유혹에 흔들린다. 이것을 이겨내는 가장 좋은 방법은 인생의 목적과 목표를 정하는 것이다. 매일 아침 일찍 일어나 목적과 목표를 되새기면, 그날 하루 동안 해야 할 일이 머릿속에 각인되고 유혹을 이겨내는 힘이 된다.

'사업에서 성공하고 싶다', '가족을 행복하게 해주고 싶다', '부모에게 효도하고 싶다', '잘살고 싶다', '멋진 차를 갖고 싶다' 등 사람들이 살아가는 이유이자 열심히 노력하는 이유는 셀 수 없이 많다. 어쨌든 궁극적으로 사람들이 원하는 것은 '풍요로운 인생을 보내는 것'이다. 그러기 위해서는 자신감이 필요하다.

선택이론심리학에 따르면, 사람에게는 아래의 다섯 가지 기본적인 욕구가 있다고 한다.

① 건강 : 육체적, 정신적으로 건강하게 살려는 욕구

② 애정과 소속 : 사랑을 주고받는 인간관계를 쌓고 싶은 욕구

③ 권력 : 자신의 가치를 인정받고 싶은 욕구

④ 자유 : 정신적, 경제적으로 자유를 얻고 싶은 욕구

⑤ 즐거움 : 무언가를 주체적으로 즐기고 싶은 욕구

이 다섯 가지 욕구가 충족되면 사람은 행복과 안정을 느낀다. 인생의 목적과 목표는 다섯 가지 욕구가 골고루 충족되도록 세워라. 다섯 가지 영역 안에서 정하기 어렵다면, '자가진단'부터 하라. 지금 자신이 원하는 것이 무엇이고, 그것을 실현하기 위해 해야 할 일이 무엇인지 명확해진다.

자가진단 체크 리스트

1	나는 무엇을 원하는가? 내게 가장 중요한 것은 무엇인가? 내가 진정으로 바라는 것은 무엇인가? [목적 : 열망을 명확하게 인식한다]
2	그것을 위해서 '지금' 무엇을 하고 있는가? [목적 : 시간과 비용을 어떻게 쓰는지 확인한다]
3	그 행동은 내가 원하는 것을 손에 넣는 데 효과적인가? [목적 : 객관적인 시점으로 자기 행동을 평가한다]
4	더 좋은 방법이 있는지 생각한다. 있으면 그것을 실행한다. [목적 : 개선할 계획과 그 실천 방법]

목적과 목표를 정했다면 매일 아침 그것을 보고 계획을 세워라. 계획은 수첩에 전부 기록하고, 밤마다 실행 여부를 검토하라. 이때 목적과 목표를 확인하는 횟수가 많을수록 효과

적이다. 1년에 한 번 목표를 확인하는 사람보다 한 달에 한 번씩, 1년에 열두 번 확인하는 사람이 목표를 달성할 확률이 높다. 따라서 매주, 즉 1년에 52번을 보는 사람보다 날마다 확인하는 사람이, 날마다 확인하는 사람보다 매일 아침, 점심, 저녁으로 확인하는 사람이 목표를 달성할 확률이 높다.

목적은 크게 달라지지 않지만 목표는 달성할 때마다 달라질 수 있다. 또한 목표는 달성할 때마다 동기부여의 원천이 되지만, 달성하고 나면 별것 아닌 게 되기도 한다. 예를 들어 풍요로운 삶을 위해 '차를 사야겠다'는 목표를 세웠다고 하자. 그 뒤 어떤 노력과 과정을 통해 차를 샀다면, '차를 사는 것'이라는 목표는 사라진다. 그렇기 때문에 인생에는 궁극적인 목적이 반드시 필요하다.

풍요로운 인생을 위한 10가지 아이디어

풍요로운 인생을 살기 위해서는 어떻게 해야 할까? 내가 알고 있는 열 가지 아이디어를 소개한다.

① 매사에 긍정적인 마음으로 임하라.

쉬운 일만 해서는 성장할 수 없다. 성장 없이는 성공도 없다. 성공은 성장의 결실이므로 괴로운 일도 성장의 기회라고 여기고 적극적으로 임하라.

② 역경을 즐겨라.

보리는 싹을 밟아줘야 튼튼하게 자라고, 연어는 거친 물살을 헤쳐야 산란을 할 수 있다. 이처럼 모든 생물은 역경을 극복했을 때 성장할 수 있다. 성장하는 과정이라 여기고 역경을 즐겨라. 그렇게 하면 성공도 어렵지 않다.

③ 기브 & 기븐(Give & Given)

주고 또 주고, 계속 주다 보면 언젠가 자기 곁으로 돌아오는 게 반드시 있다. 기브 & 테이크(Give & Take)보다 한 단계 높은 기브 & 기븐의 정신으로 살아가자. 언젠가 베푼 것이 자연스레 자기 곁에 돌아와 있을 것이다.

④ 다른 사람의 힘을 빌리면 불가능은 없다.

지금 당장 내가 할 수는 없어도, 할 수 있는 사람을 찾을 수는 있다. 이 세상에 불가능은 없다. 다른 사람의 힘을 빌리면 불가능했던 일이 가능해진다.

⑤ 정당한 대가를 치러라.

원하는 것에 대해서는 정당한 대가를 치러야 한다. 경우에 따라서는 선불로도 낼 수 있다. 이때 발생할 수 있는 리스크를 두려워하지 마라.

⑥ 황금률을 실천하라.

대접받고 싶은 대로 남에게 대접하는 것이 황금률이다. 나에게 해줬으면 하는 일을 다른 사람에게 해주어라. 누군가를 돕거나 기쁘게 하는 일을 찾아라.

⑦ 함부로 단정 지어 원칙에서 벗어난 행동을 하지 마라.

함부로 단정 짓지 마라. 자신의 그릇된 생각으로 원칙에서 벗어난 행동을 하면, 일이 제대로 되지 않는다.

⑧ 멘토에게 도움을 받아라.

모든 일을 자기 혼자서 결정하지 말고, 주위에 있는 멘토에게 도움을 받아라.

⑨ 생각할 시간을 가져라.

아무 생각도 없이 그저 앞만 보고 노력한다고 다 되는 것은 아니다. 때로 생각할 시간도 필요하다. 잠시 멈춰 서서 생각할 시간을 가져라. 그리고 그 시간을 소중히 여겨라.

⑩ 숨은 부가가치를 찾아내라.

누구나 자신에게 커다란 가치를 가져다줄 가능성이 있다. 만약 영업 일을 한다면 모든 사람을 '1억 엔의 가치가 있는 고객'이라고 생각하고 대하라. 당사자와는 계약이 성사되지 않는다고 해도, 그 사람을 통해 다른 사람을 소개받을 수 있다. 그러다 보면 1억 엔 이상의 가치가 발생한다.

폴 마이어는 보험 세일즈맨으로 억만장자가
된 기적의 인물이다. 특히 입사한 지 1년 만에
'100만 달러'라는 희대의 매출 기록을 세워 보

험 업계를 들썩이게 만들기도 했다. 그때 그의 나이 27세였다.

젊은 나이에 보험왕이 되었지만, 그 과정이 결코 쉽지만은 않았
다. 공군에 입대하여 체육 교관으로 군복무를 마친 후 대학에 들
어간 그는 어려운 집안 형편 탓에 3개월 만에 학교를 그만둘 수
밖에 없었다.

그 후 19세라는 어린 나이에 부푼 꿈을 안고 보험 업계에 이력서
를 내밀었으나, 그를 포근히 감싸주는 회사는 없었다. 나이가 어
리고 대학을 나오지 않았다는 이유로 세상은 그를 매몰차게 뿌리
쳤다. 어렵사리 받아준 곳조차 말을 더듬는다며 3주 만에 쫓아내
기도 했다. 하지만 폴 마이어는 좌절하지 않았다.

"그렇게 말을 더듬어서야…. 아무래도 세일즈맨으로서는 가능성
이 없을 것 같은데, 다른 일거리를 찾아보는 게 어떻겠소?"

이런 말을 들으며 해고를 당할 때 폴 마이어는 속으로 중얼거렸다. '이 순간 당신은 세계 제일의 세일즈맨을 놓친 거야! 나는 반드시 세일즈맨으로 성공할 거야!'

그의 긍정적인 태도는 최고의 세일즈맨이 될 수 있다는 믿음을 갖는 데 도움을 주었다. 그 믿음 덕분에 결국 보험 회사에 취직했다. 그는 말을 더듬는 것을 조금도 부끄러워하지 않았고, 최고가 되기 위해 계획을 세우고 행동으로 옮겼다.

그는 갖고 싶은 것, 하고 싶은 일이 있으면 무엇이든 메모하는 습관이 있었다. '내가 과연 할 수 있을까?'라며 자신의 능력이나 역량을 앞서 판단하지 않고, '어떻게 하면 이룰 수 있을까?'에만 집중했다. 그 결과 입사한 지 1년 만에 최고의 세일즈맨으로 우뚝 선 것이다.

그는 말한다.

"인생에서 실패하는 사람 중의 90퍼센트는 진짜 패배한 것이 아니다. 단지 도중에 그만두었을 뿐이다!"

파브르는 곤충에 미쳐 있었다.

포드는 자동차에 미쳐 있었다.

에디슨은 전구에 미쳐 있었다.

당신은 지금 무엇에 미쳐 있는가?

상상해보라. 당신이 미쳐 있는 바로 그곳에서 성공이 반드시 실현될 것이다!

Part. 4   일상생활에서 자신감을 유지하라

목표의 노예가 되지 마라

나는 매사에 집요하고 꼼꼼하다. 남들이 그다지 신경 쓰지 않아도, 중요하다고 생각되는 일은 절대로 대충 하지 않는다. 또한 목표를 달성하기 위해 필사적으로 노력한다. 그러나 목표만 보고 달리다 보면 더 중요한 목적을 잊을 때가 있다. 목표를 달성해야 하는 이유는 사라지고 단순히 '목표를 달성하는 것'에만 급급해지는 것이다.

우리는 목표의 노예가 되어서는 안 된다. 목표는 목적을 달성하는 수단에 불과하며, 어떤 상황에서든 목적을 잃어버려서는 안 된다. 그러려면 매일 아침, 목적과 목표를 분명히 되새기는 습관을 들여라.

주위를 둘러보지 않고 너무 일에만 매진하면, 가족 관계에서 균형을 잃기 쉽다. 강의를 하다 보면 다음과 같이 하소연하는 사람들이 많다.

"날마다 밤늦도록 일합니다. 그러다 보니 가족과 함께 보낼 시간을 내기 어려워요. 식구들이 일어나기 전에 출근하고, 식구들이 잠든 후에 퇴근하니 자꾸 엇갈리기만 하네요. 저도 가족을 좀 더 돌봐야 하는 것은 알지만 바빠서 도저히 시간을 못 내겠어요. 어떻게 하면 좋을까요?"

가족을 돌볼 시간 없다고 투정부리기 전에 야근을 할 수밖에 없는 이유를 점검해봐야 한다. 장시간 일해도 성과가 나지 않는 데는 반드시 문제가 있다. 취급하는 상품, 작업 순서, 내용, 어쩌면 방법 자체가 잘못되었을 수도 있다.

물론 오랫동안 일에 매달려야 하는 심정을 모르는 것은 아니다. 나도 야근 때문에 집에 일찍 못 들어가는 날이 많다. 그렇다고 해서 '가족을 돌보지 않는 것'을 정당화해서는 안 된다. 가족을 위해 할 수 있는 일은 분명히 있다.

아침 일찍 일어나 밥을 지을 수도 있고, 쓰레기를 버릴 수도 있다. 설거지를 하고 빨래를 널 수도 있다. 한 달에 하루, 아이들을 데리고 공원에 가는 것은 조금만 시간을 내면 할 수 있다. 한 가정의 가장이라면, 그에 따르는 책임을 다해야 한다.

우리는 가족, 직원, 거래처 등 주위 사람들에게 도움을 받으며 살아간다. 그들의 마음을 소중히 생각한다면 "일이 바쁘다"는 말은 단순히 핑계에 불과하다는 사실을 깨달아야 한다.

예전에 건설업에 종사하는 CEO가 내 강연을 들은 적이 있다. 그는 건설업뿐 아니라 노인 요양 시설 사업에서도 크게 성공하여 5년 만에 여덟 곳까지 시설을 확장했다. 그러나 사업이 커질수록 가족과 보낼 시간은 줄어들었고, 부부 사이는 냉랭해지다 못해 마침내 이혼 이야기까지 나오고 말았다.

그는 "내가 누구 때문에 이렇게 고생하는데, 어떻게 이럴 수 있소?"라며 아내에게 화를 냈다. 그러자 아내가 소리치며 말했다.

"가족을 위해서라고 하고 싶으세요? 그런데 내가 한 번이라도 당신한테 사업을 키우라고 한 적 있어요? 난 그저 당신하고 같이 있고 싶었을 뿐이에요. 당신하고 좋은 시간을 보내고 싶었다고요. 당신은 당신 때문에 죽도록 일한 거잖아요!"

이 말을 듣고서야 그는 죽자 사자 일에 매달린 것은 열등감과 아버지에 대한 반발심 때문이고, 말로는 가족을 위해서라고 했지만 사실은 주위 사람들에게 성공한 모습을 당당하게 내세우고 싶은 마음이 컸다는 사실을 깨달았다.

이처럼 목표의 노예가 되면 삶에서 균형을 잃는다. 쳇바퀴 굴리는 다람쥐처럼 앞으로 나아가지 못하고 목표 안에서만 맴도는 것이다. 절대 목적을 잊어서는 안 된다. '좀 이상한데?'라는 의구심이 들면, 위험 신호로 받아들이고 재빨리 목적을 되새겨라.

목적을 잊지 않으려면 여유 있게 계획을 세우는 것도 필요하다. 언제나 예정대로 되리라는 법은 없다. 주중이나 주말에 계획을 수정하는 시간을 마련하여 예측하지 못한 사태에 대비해라. 계획을 수정하는 시간은 정신적으로 여유를 주고, '오늘 할 일'에 집중하게 해준다.

영업의 달인으로 불리는 어떤 사람은 일주일을 '월·화', '수', '목·금' 세 부분으로 나누어 생활한다고 한다. 전반과 후반은 영업 활동에 전념하고, 중반인 수요일에는 영업 결과를 정리하거나 후반의 영업 전략을 다시 짜는 것이다. 이 덕분에 더욱 효율적으로 일할 수 있으며, 매일 새로운 기분으로 영업을 할 수 있다고 한다.

지나치게 높은 목표는 자기 이미지를 떨어트린다

100미터를 20초에 달리는 사람이 갑자기 10초에 달리기는 어렵다. 또 등산을 처음 하는 사람에게 에베레스트 산에 오르는 것은 허황된 꿈에 불과하다.

자신감을 얻기 위해서는 목표를 너무 높게 설정하지 마라. 실현할 수 있는 수준에서 목표를 정해야 한다. 그렇게 해야 목표를 달성할 가능성이 높아진다. 목표는 달성할 때마다 조금씩 높이는 게 좋다. 자신감은 성공의 경험을 많이 할수록 탄탄해지기 때문이다.

그러나 처음부터 목표를 너무 높게 세워 스트레스를 받는 사람이 의외로 많다. 지나치게 높은 목표는 이상과 현실 사이의 괴리감만 만든다. '꿈에 가까워졌다'는 확신이 들 때 자기 이미지가 높아진다. 이상과 현실 사이의 괴리감이 클 때는 '아무리 해도 안 돼!'라며 좌절하기 쉽고, 당연히 자기 이미지는 곤두박질친다.

나는 처음에 정말 작은 목표부터 도전했다. 그리고 목표를 달성하면, 조금씩 목표 수준을 높였다.

"해냈다!"

"또, 해냈다!"

"우아, 또 해냈다!"

성공한 경험이 많아지자 자신감이 생겼다. 그리고 그 속에서 나만의 성공 패턴을 찾을 수 있었다.

원대한 목표를 세우고, 그것을 향해 무턱대고 돌진할 수 있는 것은 성공한 경험이 많은 사람뿐이다. 뱁새가 황새를 따라가면 가랑이가 찢어진다고 했다. 아직 성공한 경험이 많지 않은 상태에서는 원대한 목표에 다가가지 못하고 좌절할 가능성이 크다. 처음에는 작은 목표부터 도전하여 성공 패턴을 만드는 게 급선무다.

많은 사람이 '완벽해야 한다'는 생각을 갖고 있다. 하지만 완벽주의만큼 어리석은 생각은 없다. 사람이라면 누구나 실수를 한다. 타인에게도 나에게도 완벽함을 바라지 마라. 누구나 자기 능력만큼의 일밖에 하지 못한다. 매정하게 들리겠지만 이것이 진실이다.

나도 수많은 실패를 겪었다. 하지만 그때의 실패 덕분에 지금의 내가 있다. 실패를 실패라고 생각하지 말고, 경험과 경력을 쌓았다고 생각하라.

사람은 완벽하지 않기 때문에 서로 도우면서 부족한 부분을 채워나가야 한다. 이런 태도는 즐거운 인생을 살도록 돕는다. 나는 항상 100점이 아닌, 80점을 목표로 삼는다. 그래서 모든 일을 도맡아 하지 않는다.

① 직원 채용과 교육

② 상품 개발

③ 영업 및 마케팅 구상

④ 전반적인 관리나 경리 업무

위의 4가지 회사 업무 중에서 가장 중요한 20퍼센트에만 집중한다. 나머지는 다른 사람들이 알아서 채워줄 것이라고 믿는다.

목표를 달성하면 스스로 칭찬하라

"경기 후에 '왜 좀 더 열심히 하지 않았을까' 늘 후회했어요. 그런데 이번에는 그런 후회가 들지 않았어요. 비록 동메달이긴 하지만 처음으로 저를 칭찬해주고 싶어요."

1996년 애틀랜타 올림픽 여자 마라톤에서 동메달을 획득한 아리모리 유코 선수의 소감이다. 아리모리 유코 선수처럼 목표를 달성하면 스스로 칭찬하라. '정말 잘했어!'라고 스스로를 인정하는 것은 자신감을 쌓는 데 무척 중요하다.

영업 사원 시절, 나는 무언가를 이루었을 때 스스로에게 선물을 주었다. 힘든 계약을 따냈을 때는 필기도구를 선물했고, 세일즈 콘테스트에서 우승했을 때는 시계를 선물했다. 이렇게 하면 성공의 경험이 뇌리에 강렬하게 자리 잡는다. 선물을 볼 때마다 과거에 느낀 쾌감이 되살아나 긍정적인 에너지를 준다. 동료와 술 한잔 하면서 주위 사람들에게 베푸는 것도 좋은 방법이다.

나는 60세가 되면 '잘했다'고 스스로를 칭찬해주고 싶다. 앞으로 6년 남았는데 그동안 죽기 살기로 노력할 것이다. 6년 후, 진심으로 '정말 잘했어!'라고 칭찬할 수 있었으면 좋겠다.

내가 믿는 길을 쉬지 않고 걷는 것, 이것이야말로 최고의 인생이 아닐까?

스스로를 칭찬한다.

자신의 장점을 생각하고, 마음에 긍정적인 이미지를 그린다.

이렇게 한 사람은 최고의 인생을 보낼 수 있다.

정신적으로 지쳤을 때는 몸을 움직여라

무엇을 해도 기분이 처지고 의욕이 나지 않는다면, 정신적으로 많이 지쳤다는 증거다. 이럴 때는 몸을 움직이는 게 좋다. 사람은 몸이 재산이다. 헬스클럽에 다니거나 조깅, 산책, 스트레칭 등 운동을 해보자. 꽉 막혔던 기분이 풀리고, 의욕이 되살아난다.

스스로에게 상을 주는 것도 좋은 방법이다. '이 일을 해내면, 맛있는 음식을 먹으러 가자', '이 일을 해내면 갖고 싶은 가방을 사자' 등 즐거운 계획을 세우면 효과적으로 동기부여를 할 수 있다. 조금이라도 빨리 즐거움을 누리고 싶은 마음에 집중력이 높아지며, 효율적으로 일할 수 있는 방법을 찾으려고 노력하게 된다.

일 진행이 더디고 기분이 가라앉을 때는 기분 전환이 필요하다. 차를 마시거나 맛있는 음식을 먹으면서 친구들과 수다를 떨어라. 일상과 좀 다르게 생활해보는 것도 좋은 방법이다. 평소에 잘 다니지 않는 장소에 가거나, 규칙적으로 하던 일을 다른 시간대에 해보자. 새로운 느낌을 받을 것이다.

나는 절대 무리하지 않는다. 되도록이면 내 능력이 닿는 범위에서 계획을 세운다. 무리하면, 지금 당장은 좋은 결과가 나올지 몰라도 시간이 지나 건강이나 의욕을 잃는 등 부정적인 결과가 나타난다.

만약 무리하여 건강이나 의욕을 잃었을 때는 자기암시 CD를 듣거나, 자기계발 강연을 들으면 도움이 된다. 그래도 안 되면 일찍 자는 게 좋다. 그리고 다음 날 30분 일찍 일어나 자신의 목적과 목표를 되새겨라.

한계를 알면 스트레스를 관리할 수 있다

마흔이 넘었을 무렵, 물을 삼킬 때마다 목에 무언가가 걸리는 기분이 들어 '혹시 암 아닌가?'라고 걱정한 적이 있다. 다행히 검사에서 별다른 이상은 발견되지 않았는데, 의사가 말하기를 이것은 매핵기(梅核氣) 증상이라고 했다. 매핵기는 한방 용어로, 목에 매실 열매가 붙은 느낌이 들기 때문에 이런 이름이 붙여졌다고 한다. 이 증상은 무의식중에 쌓인 스트레스가 주원인이다.

내 경우에는 잦은 과로 때문이었다. 한계를 넘을 정도로 자신의 몸과 정신을 혹사하면 스트레스가 쌓이는데, 스트레스가 일정 수준에 달하면 매사를 나쁜 쪽으로 생각하게 된다.

좀처럼 피로가 풀리지 않는다.
사소한 일에도 기분이 나쁘다.
요즘 갑자기 살이 너무 **빠졌다.**

이런 증상은 몸과 마음이 건강하지 못하다는 경고 신호다. 조금이라도 이런 징후를 느낀다면 가능한 한 빨리 휴식을 취해라. 안정을 되찾은 후에는 스트레스가 심하게 쌓이지 않도록 때때로 '혹시 지금 무리하고 있지는 않나?'라고 스스로에게 물어라.

이대로 계속 걸어갈까? 아니면 조금 쉬었다 갈까?

쉴 타이밍을 판단하는 것은 인생에서 중요한 경험을 쌓는 길이다. 왜냐하면 이 질문에 정확하게 대답하려면 한계를 겪어봐야 하기 때문이다. 경험하지 않고서는 자신의 한계를 알수 없다. 다시 말해 밑바닥까지 내려간 사람만이 자신의 한계를 알고, 다음부터 한계에 도달하기 전에 조절할 수 있다.

해보기도 전에 '이게 내 한계야!'라고 단정 짓는 사람은 시간이 흘러도 자신의 한계를 모른다. 경험을 통해 자신의 한계를 아는 것은 자신감을 쌓기 위해서도 꼭 필요하다. 한계에 도전하다 보면 언젠가 자신의 한계가 생각보다 높다는 사실을 깨달을 것이다. 물론 너무 무리해서는 안 된다.

기분 전환 계획을 세워라

무리하지 않았는데도, 하루하루 살다 보면 무의식중에 스트레스가 조금씩 쌓인다. 그것이 한계에 가까워지면 슬슬 '때가 됐군!' 하는 느낌이 든다. 보통 그 기간은 3개월이다.

쌓인 스트레스를 해소하려면 미리 기분 전환 계획을 세워 두는 게 좋다. 나는 1년 계획을 세울 때 3개월에 한 번씩 가족과 해외여행을 떠나는 계획을 넣는다. 기간은 일주일 정도다. 이 기간 동안에는 일에서 완전히 벗어나 가족과 함께 즐겁게 지내며 재충전을 하고 돌아온다.

기분 전환은 인간의 기본적인 욕구인 '즐거움'을 충족시켜 준다. 열심히 일한 자신에게 '즐거움'이라는 상을 주는 게 좋다. 이것은 정신적인 피로를 막는 가장 좋은 방법이다.

일이 너무 바빠서 기분 전환 할 시간이 없다면, 약간은 강제성을 띠는 것도 도움이 된다. 일에 대한 계획을 세우듯이 기분 전환 계획도 세워라. 이렇게 하면 기분 전환 시간을 확실하게 마련할 수 있다.

가능하면 그날의 스트레스는 그날 푸는 것이 가장 이상적이다. 나는 아들과 놀 때 스트레스가 가장 많이 풀린다. 일을 마치고 집에 돌아가면 항상 아들이 기다리고 있다. 주로 아들과 캐치볼을 하면서 노는데, 둘이서 공을 주고받는 그 짧은 시간이 나에게는 가장 행복한 시간이다.

비록 짧은 시간이라도 사랑하는 사람과 애정이 충만한 시간을 보내면 하루의 스트레스를 전부 날려버릴 수 있다. 일이 끝나고 마음 맞는 동료와 운동을 하거나, 밥을 먹으러 가는 것도 좋다. 스트레스 해소의 핵심은 '정신적인 만족감을 주는 사람과 함께 시간을 보내는 것'에 있다. 마음 맞는 사람과 조깅을 하거나 수다를 떨 때는 기가 죽거나 기분이 나빠지지 않는다. 마음을 채워주는 사람과 보내는 시간은 가장 좋은 스트레스 해소제이기 때문이다.

슬럼프에 빠지면 하고 싶은 일을 하라

넘을 수 없는 벽에 부딪혀 아무것도 할 수 없다.

목표를 향해 열심히 일하다 보면 슬럼프에 빠질 수 있다. 사람은 대개 자기 능력을 벗어난 상황에 직면했을 때 슬럼프에 빠진다. 이럴 때는 '왜 이렇게 되는 일이 없어!'라는 생각을 벗어던지고, 아무 생각 없이 떠들고 노는 게 좋다. 큰 실수를 저질렀을 때에도 마찬가지다. 몇 시간이라도 좋다. 친한 동료와 술을 마시거나, 쓸데없는 이야기를 떠들어대라.

물론 이런 행동을 두고 현실 도피라고 말하는 사람도 있다. 하지만 반드시 정공법만 통하라는 법은 없다. 때로는 꼼수도 필요하다. 좋아하는 사람과 함께 이야기를 하거나 즐거운 시간을 보내면 정신적인 에너지를 얻는다. '다시 도전해보자'는 의욕이 생기는 것이다.

가족과 친구는 꼭 필요한 존재다. 이들은 내 마음의 상처를 누구보다 잘 아는 인생의 보물이다. 하지만 때로는 친구나 가족에게도 말할 수 없는 고민이 생길 수도 있다. 이럴 때 의지할 수 있는 멘토를 두는 게 좋다. 무슨 일이 생겼을 때 맘 편히 상담할 수 있는 사람이 가까이에 있는 것은 굉장한 행운이다.

좋은 멘토를 만나려면 만남의 기회가 많아야 한다. 관심이 많은 분야의 세미나에 참가하거나 자기계발 강연을 들어라.

사람에 따라서는 고통 속에서 묵묵히 자신을 단련하는 사람도 있다. 전 후쿠오카 소프트뱅크 호크스 감독, 오 사다하루는 고민이 있을 때마다 방망이를 휘두르며 자신을 단련했다. 한편 요미우리 자이언츠 명예감독, 나가시마 시게오는 어려움에 처했을 때 적극적으로 맞서는 타입이다.

자신이 묵묵히 스스로를 단련하는 타입인지, 적극적으로 맞서는 타입인지 알아두는 게 좋다. 그래야 나한테 맞는 슬럼프 대처법을 찾아낼 수 있다.

내 인생에서 일어나는 모든 일은 스스로 책임진다.

일시적인 슬럼프일 때는 잠깐 현실에서 도피하여 머릿속을 정리하는 것도 좋지만, 언제까지나 피하기만 해서는 안 된다. '나는 왜 못하지?' 고민하지 말고, '어떻게 하면 할 수 있을까?'를 생각해라. 또한 내 능력을 벗어난 일에 매달리고 있는 것은 아닌지 확인해라.

내 능력 안에서 할 수 있는 일이라면, 처음에 세운 목적과 목표가 현실적이었는지 재검토할 필요가 있다. 만약 목적과 목표가 잘못되지 않았다면, 더 자라기 위해 성장통을 겪는 것이라고 생각해라.

사람은 고통 속에서 성장하는 법이다. 용기를 내어 당당히 부딪쳐라. 생각대로 되지 않는다고 실패한 것은 아니다. 어떤 경험이든 배움의 일환으로 생각해라. 누구나 배움을 통해서 성장할 수 있으며, 자신감을 키울 수 있다.

스스로 규율을 지켜 자신감을 키워라

스스로를 절제하는 자세는 중요하다. 더 좋은 미래를 위해서는 순간의 유혹을 뿌리칠 줄 알아야 한다. 스스로를 절제하지 못하고 나태한 생활을 일삼는 사람은 대부분 시간과 돈을 낭비하고, 약속도 쉽게 어기는 경향이 있다. 그런 사람은 자기 이미지가 낮을 뿐 아니라 자신감도 없다.

이러한 생활을 벗어나지 못하면 '난 역시 안 되는 놈이야!'라며 부정적인 자기 암시에 걸리고 만다. 때때로 자신의 생활 습관을 돌아보고 '지금 너무 나태한 거 아냐?'라고 질문을 던져라.

한편 스스로를 절제하며 미래를 위해 끊임없이 노력하는 사람도 어떤 일을 계기로 나태해지고 무기력해질 수 있다. 예를 들어 출세가도를 달리던 사람이 가족을 잃었다고 하자. 만약 슬픔을 극복하지 못하면, '소중한 사람들도 모두 잃고 나는 되는 일이 하나도 없어!'라며 부정적인 자기 암시에 걸리기 쉽다. 심한 경우에는 우울증으로 치료를 받아야 할 지경에 이르기까지 한다.

인생에는 비극적인 일이 일어나기도 한다. 재해나 사고로 가족을 잃을 수도 있고, 애인과 이별을 할 수도 있다. 직장에서 잘려 생계를 걱정해야 할 수도 있다. 이런 상황에서는 살아갈 목적을 찾지 못해 무기력한 삶을 살게 될지도 모른다. 이럴 때 주위 사람들이 힘을 실어줄 수 있다.

사람은 혼자서는 살아갈 수 없다. 서로 도움을 주고받으면서 강해진다. 항상 주위 사람에게 감사하는 마음을 가져라. 그리고 스스로를 절제하여 굳센 자신감을 쌓아라.

머릿속에서 부정적인 생각을 없애라

주변에서 들리는 부정적인 말에 주의하라. 긍정적인 생각을 하려고 해도 주변에서 부정적인 말만 들리면, 덩달아 부정적인 생각이 들 수밖에 없다. 이것이 반복되고 정도가 심해지면, 나도 모르는 사이에 '나는 못 해!'라는 부정적인 암시에 걸린다. 부정적인 생각은 자기 이미지를 떨어뜨리고, 능력을 발휘할 수 없게 만든다.

좋은 사람과 좋은 물건은 인생을 긍정적인 방향으로 이끈다. 반대로 부정적인 말과 생각은 부정적인 것만 끌어들인다.

나는 옛날부터 부정적으로 말하고, 생각하는 사람을 되도록 피하려고 했다. 예를 들어 '왜 우리 회사는 매출이 나쁠까?'와 같은 부정적인 이야기는 가능한 한 하지 않으려고 했다. 사실 이런 이야기를 백날 한들 무슨 소용이 있을까? 경영자와 직원들의 능력이 부족하다는 말밖에 더 나오겠는가? 그 대신 '어떻게 하면 회사가 더 나아질까?'에 대한 논의는 신나게 했다. 이러한 논의는 나와 회사의 발전을 위해서 유익하기 때문이다.

나라 탓, 정치 탓, 회사 탓을 하는 사람들이 참 많다. "왜 이 나라는 이 모양 이 꼴인 거야?"라고 투덜대는 사람을 보면 "당신도 이 나라 사람이잖소?"라고 말해주고 싶다.

부정적인 말을 접하지 않는 가장 좋은 방법은 부정적인 말을 내뱉는 사람과 가능한 한 거리를 두는 것이다. 주위에 부정적이거나 어리석은 말을 늘어놓는 사람이 있다면, 재빨리 일어나 장소를 옮겨라. 만약 거리를 두기 어렵다면, "죄송한데, 부정적인 표현을 좀 삼가주세요!"라며 자기 의사를 명확하게 밝혀라.

물론 상대가 하는 말이 원칙적으로 옳다면 부정적인 이야기라도 받아들이고 반성할 수 있다. 하지만 부당한 말이라면 거부의 뜻을 명확하게 드러내야 한다. 아무런 대안도 없이 습관적으로 부정적인 생각과 말을 하는 사람들이 종종 있기 때문이다.

부정적인 생각은 성공의 문을 닫아버린다. 누구나 무한한 가능성을 지녔다는 사실을 잊지 마라. 자신의 가능성을 믿고, 하루하루 적극적으로 살아나가라.

자신이 있을 곳, 돌아갈 곳을 찾아라

나는 록 뮤지션 야자와 에이키치를 존경한다. 60세가 넘은 나이에도 정열적으로 노래를 부르는 모습은 참으로 감동적이다. 록 세계에 푹 빠져 있는 모습을 보고 있노라면, 그는 아무런 고민이나 걱정이 없는 사람처럼 보인다. 하지만 사실 그는 우여곡절 많은 삶을 살았다.

가난한 집에서 태어나 어릴 때부터 부모와 떨어져 살았고, 어렵게 데뷔하여 간신히 성공했다. 하지만 성공의 기쁨도 잠시, 오스트레일리아에서 35억 엔을 사기 당해 십여 년을 빚만 갚으며 살았다. 이처럼 어려움 많은 인생을 살았지만, 마이크를 잡은 그의 모습에서는 현실의 그늘을 전혀 찾아볼 수 없다.

나 또한 직원과 의사소통이 제대로 되지 않을 때 종종 고민에 휩싸인다. 하지만 '정상으로 가는 길' 강연만 시작하면, 고민이 씻은 듯이 사라진다. '여기가 바로 내 무대고, 내가 있을 곳이야!'라는 생각이 든다. 그리고 강의를 마칠 때쯤이면 고민을 해결할 방법이 거짓말처럼 떠오른다.

누구나 자기 능력을 살릴 곳이 있다. 나 같은 경우는 강의와 영업이 그랬다. 나는 내 강의를 들으러 오는 사람들에게 최고의 가치를 선사하고 싶다. 늘 이 생각으로 필사적으로 노력했다.

고객을 행복하게 해주고 싶다.
직원을 행복하게 해주고 싶다.
가족과 친구를 행복하게 해주고 싶다.

이 생각 덕분에 지금 내가 있을 곳을 찾았다.

'내가 개발한 프로그램을 30년 동안 강연할 수 있다면 정말 멋질 거야!'라는 생각을 품고, 오늘도 나는 무대에 선다.

자신의 목적과 목표를 이루기 위해 꾸준히 노력해라. 열과 성을 다해 노력하면, '자신이 있을 곳'을 찾을 수 있다. 자신이 있을 곳을 찾았을 때, 비로소 평생 꺾이지 않는 자신감을 마음속에 품을 수 있다.

조 지라드는 기네스북에 12년 연속으로 이름을 올린 세계 최고의 자동차 판매왕이다. 15년 동안 무려 1만 3,001대의 자동차를 팔았다고 하니, 그의 위력이 얼마나 대단한지 가히 짐작할 만하다. 더욱 놀라운 것은 1만 3,001대를 파는 동안 단 한 번도 여러 대를 한꺼번에 묶어서 팔지 않았다고 한다. 늘 한 번에 한 대씩 팔았다.

그가 자동차 세일즈에 발을 담그게 된 것은 과거의 실패가 한몫했다. 어린 시절, 그는 아버지의 폭언과 매질로 자신감 없는 나날을 보냈고, 도둑질을 하다 잡혀서 소년원 유치장에서 지옥 같은 밤을 보내기도 했다.

고등학교에서 퇴학을 당해 변변한 기술이나 지식을 갖지 못했으며, 35세가 될 때까지 구두닦이, 접시닦이, 건설 현장 인부 등 무려 40군데의 일터를 전전했다. 어렵게 시작한 사업조차 사기를 당해 실패하고 말았다. 이렇게 궁지에 몰린 상태에서 선택한 것이 자동차 세일즈였다.

미국에서는 결혼식이나 장례식 등에 모이는 사람이 평균 250명 정도라고 한다. 한 사람당 250명의 인적 네트워크가 연결되어 있다는 말이다. 다시 말해 한 사람에게 정성을 다해 자동차를 판매하면, 250명의 잠재 고객을 확보할 수 있다.

조 지라드는 이 사실을 이론화하여 '250명의 법칙'이라고 이름 붙였다. 그리고 실제로 자동차를 판매할 때, 이 이론을 적용시켰다. 고객 한 사람 한 사람에게 정성을 다했고, 잠재 고객을 확보하는 데 성공했다.

조 지라드는 긍정적인 사람이었다. 거듭된 실패 속에서도 좌절하지 않았다. 그는 늘 스스로에게 이런 말을 했다고 한다.

'나는 내가 좋다! 나는 내가 좋다! 나는 내가 좋다!'

그 덕분에 항상 자신감이 넘쳤고, 고객에게 믿음을 줄 수 있었다.

혹시 거듭되는 실패에 좌절하고 있는가? 그렇다면 지라드처럼 긍정의 주문을 걸어라!

'나는 내가 좋다! 나는 내가 좋다! 나는 내가 좋다!'

누구나 지금보다 나아질 수 있다

이상적인 인생을 상상하는 힘을 발휘하라

대부분의 사람들은 '인생은 바꾸기 어렵다'고 생각한다. 하지만 인생은 마음만 먹으면 쉽게 바꿀 수 있다. 물론 변화의 과정을 겪는 와중에 끔찍한 고통이 찾아올 수도 있다. 이러한 고통을 두려워하는 사람들은 시작조차 하지 않는다. 하지만 시작하지 않으면 어느 것도 이룰 수 없다.

'나는 발전하고 있다!'

나는 믿는다. 지금의 나는 과거의 나보다 한 뼘 더 나아졌고, 미래의 나는 지금보다 훨씬 발전할 거라고. 이 믿음은 실제로 나에게 더 나은 미래를 선사했다.

사람은 누구든 멋진 인생을 살 수 있다. '발전하고 싶다'는 열망을 마음속에 품어라. 그리고 미래의 발전된 모습을 머릿속에 그려라.

생각을 그려내는 힘, 즉 상상력은 큰 재산이 될 수 있다. 상상력의 가치를 깨달으면 멋진 인생이 시작된다. 상상력은 좋은 쪽으로든 나쁜 쪽으로든 영향력을 발휘하기 때문이다.

미래의 긍정적인 모습을 상상으로 그려내자. 미래의 어느 날 상상이 현실로 바뀐 자신의 모습을 발견하게 될 것이다!

성공에 대한 자신만의 정의를 내려라

길을 떠나기 위해서는 목적지를 먼저 정해야 한다. 즉, 성공을 향해 가려면 먼저 '나에게 성공이란 무엇인가' 정의해야 한다. 내가 생각하는 성공은 '물심양면으로 풍요로운 삶'이다.

성공은 성장의 결실이다. 성장하는 사람만이 자신감과 성공을 손에 넣는다. 그렇다면 성장이란 무엇일까? '가치관의 긍정적인 변화', 한마디로 표현하면 '감사'다. 사람은 저마다 다양한 가치관을 지니고 살아간다. 나는 성장하는 과정에서 '사랑', '성실', '감사'의 중요성을 깨달았고 무슨 일이 있어도 이를 지키는 삶의 태도를 추구하고 있다. 사람은 목적을 추구하는 과정에서 자신의 성장을 인정하고, 그 결과 '강한 자신감'과 '큰 성공'을 손에 넣는다. 성장 없이 성공은 없다. 자신감 없이 성공은 없다.

작은 성공을 거듭하면서 강한 자신감이 쌓인다. 꾸준히 쌓아온 작은 성공이야말로 보증 없는 변화 속에서 미래에 대한 성공을 약속한다. 자기 일은 스스로 책임져야 한다. 절대 사회나 환경, 주위 사람 탓으로 돌리지 말자. 변화를 두려워하지 말고, 강한 주인 의식을 품어야 자신감이 싹튼다.

포기하지 않으면 끝은 없다

모래로 산을 쌓으려면 일단 밑바닥부터 튼튼히 쌓아야 한다. 산자락의 아랫부분을 넓게 쌓아야 높은 산을 쌓을 수 있다.

이때 모래 산의 밑바닥은 실패의 경험과도 같다. 결국 실패한 만큼 더 크고 높은 모래 산을 쌓을 수 있다는 말이다.

실패를 뛰어넘으면, 그만큼 강해진 내 모습을 발견할 수 있다. 이기려고 하지 말고 강해지려고 노력해라. 강해지려면 끊임없이 도전하는 수밖에 없다.

또한 우리에게 많은 본보기를 보여준 선구자로부터 지혜, 좋은 습관, 좋은 사고방식을 배워라. 그리고 그들의 모습을 내 것으로 만들어라.

절대로 포기하지 마라. 쓰러지는 한이 있어도 물러서지 마라. 쓰러지면 벌떡 일어나 다시 기어올라라. 무슨 일이 있어도 절대로 포기하지 않으면, 결국에는 성공한다.

인생은 넘어졌다 다시 일어서기를 반복하는 과정이다. 오뚝이처럼 일어나다 보면 어느새 주위 사람들이 믿고 따라온다. 때때로 이것은 엄청난 힘을 발휘하기도 한다. 끝까지 포기하지 않은 사람만이 평생 꺾이지 않는 강한 자신감을 손에 넣고, 물심양면으로 풍요로운 인생을 살 수 있다.

내 마음을 들여다보라

신념(信念)

신념은 '사람(人)이 말하는(言) 지금(今)의 마음(心)'이다. 내가 지금 어떤 마음을 갖고 있느냐에 따라 내 미래는 달라진다.

'그럼 그렇지. 내가 이걸 할 수 있을 턱이 없지'라고 생각하면, 실패하는 인생을 살게 된다. 하지만 '당연히 할 수 있어!'라고 믿으면, 성공한 미래가 눈앞에 펼쳐진다.

'나는 할 수 있다.'
'나는 반드시 해낸다.'

긍정적인 신념을 품어라. 긍정적인 신념은 당신을 성공의 길로 안내해줄 것이다.

당신은 이미 성공을 향한 첫걸음을 내디뎠다. 이 책을 고르고, 끝까지 읽은 당신의 마음속에 '할 수 있다'는 자신감이 쌓였을 테니까.

좋은 정보는 인생을 송두리째 바꾸기도 한다. 이 책을 통해 얻은 정보로 여러분이 자신감 넘치고 멋진 인생을 살 수만 있다면 더할 나위 없이 기쁠 것이다.

'생각대로 이루어진다.'

이것은 내가 강연을 통해 23만 명이 넘는 사람을 만나면서 체득한 진리다. 나는 '분명 멋진 인생을 살게 될 거야!'라고 생각했다. 그리고 생각대로 진짜 멋진 인생을 살고 있다.

나는 23세에 성공 철학을, 29세에 성경을, 32세에 선택이론을 접하면서 인생의 질이 크게 높아졌다. 이때 얻은 정보

덕분에 사고방식이 바뀌었고, 인생이 바뀌었다.

내가 실제로 경험한 사실이기 때문에 확신을 갖고 말할 수 있다.

'생각만 바꾸면 행복한 인생을 살 수 있다.'

여러분도 이 말을 마음속에 새겼으면 한다.

끝으로 출간하는 데 여러모로 신경 써준 분들 모두에게 감사의 마음을 전한다. 또한 무엇과도 바꿀 수 없는 소중한 가족, 돌아가신 아버지, 친어머니 그리고 엄하게 길러주신 의붓어머니께도 진심으로 감사드린다.

무엇보다도 끝까지 읽어주신 독자 여러분께 마음 깊이 감사드린다.

아오키 사토시

한언의 사명선언문

Since 3rd day of January, 1998

Our Mission — • 우리는 새로운 지식을 창출, 전파하여 전 인류가 이를 공유케 함으로써 인류문화의 발전과 행복에 이바지한다.

— • 우리는 끊임없이 학습하는 조직으로서 자신과 조직의 발전을 위해 쉼없이 노력하며, 궁극적으로는 세계적 컨텐츠 그룹을 지향한다.

— • 우리는 정신적, 물질적으로 최고 수준의 복지를 실현하기 위해 노력하며, 명실공히 초일류 사원들의 집합체로서 부끄럼없이 행동한다.

Our Vision　　한언은 컨텐츠 기업의 선도적 성공모델이 된다.

저희 한언인들은 위와 같은 사명을 항상 가슴 속에 간직하고
좋은 책을 만들기 위해 최선을 다하고 있습니다.
독자 여러분의 아낌없는 충고와 격려를 부탁드립니다.

• 한언 가족 •

HanEon´s Mission statement

Our Mission — • We create and broadcast new knowledge for the advancement and happiness of the whole human race.

— • We do our best to improve ourselves and the organization, with the ultimate goal of striving to be the best content group in the world.

— • We try to realize the highest quality of welfare system in both mental and physical ways and we behave in a manner that reflects our mission as proud members of HanEon Community.

Our Vision　　HanEon will be the leading Success Model of the content group.